V&R

Matthias Günther

Rock 'n' Religion

Populäre Musik und biblische Texte im Religionsunterricht

Vandenhoeck & Ruprecht

Das vorliegende Heft geht zurück auf das Seminar »Rock 'n' Religion. Populäre Musik und biblische Texte im Religionsunterricht« am Institut für Theologie und Religionswissenschaft der Leibniz Universität Hannover im Sommersemester 2014. Mein besonderer Dank geht an die Studierenden Alexander Bock, Sarah Brennecke, Andreas Fiedler, Marcel Krause-Bohnet, Melanie Müller, Isabelle-Janina Rohleder, Johannes Seyfahrt und Carla Völkening sowie an die Schülerinnen und Schüler des berufsbildenden Gymnasiums der BBS Alfeld (Leine).
Die Ev.-luth. Landeskirche Hannovers hat sich großzügig an den Kosten dieser Publikation beteiligt. Sehr herzlich danke ich Frau Oberlandeskirchenrätin Dr. Kerstin Gäfgen-Track.

Matthias Günther

Mit 10 Abbildungen

Bibliografische Information der Deutschen Nationalbibliothek

Die Deutsche Nationalbibliothek verzeichnet diese Publikation in der Deutschen Nationalbibliografie; detaillierte bibliografische Daten sind im Internet über http://dnb.d-nb.de abrufbar.

ISBN 978-3-525-77015-3

Weitere Ausgaben und Online-Angebote sind erhältlich unter: www.v-r.de

Umschlagabbildung: © Andrey Kiselev/fotolia.com

Satz: SchwabScantechnik, Göttingen
Druck und Bindung: ⊕ Hubert & Co., Göttingen

Gedruckt auf alterungsbeständigem Papier.

Inhalt

Einleitung

Zu »Rock 'n' Religion«

»Ein Leben ohne Musik: das geht gar nicht!« Musik ist einer der wichtigsten Bereiche der Kultur junger Menschen. Jugendorientierte populäre Musik greift grundlegende Fragen der Jugendlichen auf: »Warum bin ich in der Welt und nicht nicht? Warum bin ich? Warum und durch was ist die Welt? Warum ist sie nicht gut? Warum hat das Recht so oft keine Macht? Was und wer ist böse – was und wer ist gut? Wo führt das alles hin? Kann ich geliebt werden?«[1] Auch wenn Rock- und Popmusik längst als Konsumware gehandelt wird, hat sie oftmals doch noch die Kraft, neue Erfahrungsdimensionen zu eröffnen.[2] Schon deshalb ist sie religionsdidaktisch interessant. Das vorliegende Heft versteht sich als Beitrag zu einer »seelsorglichen religiösen Bildungsarbeit mit Jugendlichen«[3]; es möchte die Hörgewohnheiten der Jugendlichen mit den ihnen zumeist fremden Stimmen der Bibel ins Gespräch bringen. Ziel ist es, die personalen und sozialen Kompetenzen der Schülerinnen und Schüler zu stärken.

Zur Konzeption

Darf der Religionsunterricht in die Kultur junger Menschen eingreifen, sie zum Unterrichtsmedium erklären? Wird der Rock- und Popsong von den Schülerinnen und Schülern dann nicht zwangsläufig als Strategie der Anbiederung wahrgenommen? Zwei Antworten:

A) Die meisten der in dieses Heft aufgenommenen Songs wurden von Schülerinnen und Schülern oder von Studierenden der Religionspädagogik ausgewählt. Die Aufgabe bestand daher wesentlich darin, den Musikstücken Materialien zuzuordnen, die eine subjekt- und progressionsorientierte Arbeit fördern.

B) Lehrende und Lernende sollten sich in der Arbeit mit populärer Musik im Religionsunterricht nicht als Wissende, sondern als Hörende, Suchende und Fragende verstehen – und sich im besten Fall schließlich als Entdecker neuer glaubwürdiger und relevanter Lebens-, Denk- und Glaubensmöglichkeiten erleben.

Die Reihenfolge der Materialien und Aufgabenstellungen orientiert sich an den zu fördernden prozessbezogenen Kompetenzen:

1. Aufgaben zum Hören/Lesen: Wahrnehmungskompetenz;
2. Aufgaben zur Visualisierung: Darstellungskompetenz;
3. Aufgaben zur Texterforschung: Deutungs- und Urteilskompetenz;
4. Gestaltungsaufgaben: Dialog- und Gestaltungskompetenz.

Die Materialsammlung ist vorrangig für den evangelischen Religionsunterricht in der Oberstufe an allgemeinbildenden und berufsbildenden Gymnasien konzipiert worden. Die Songs können als Einstieg oder Vertiefung in den Kompetenzbereichen »Mensch«, »Gott«, »Jesus Christus«, »Ethik« und »Religion und Religionen« (vgl. das Kerncurriculum für die gymnasiale Oberstufe in Niedersachsen) eingesetzt werden. Die Aufgabenstellungen übernehmen weitgehend die Operatoren der Einheitlichen Prüfungsanforderungen in der Abiturprüfung Evangelische Religionslehre (EPA).

Bei der Auswahl der Materialien war zudem der Religionsunterricht an den Fachschulen Heilerziehungspflege, Heilpädagogik und Sozialpädagogik mit im Blick. Interessante Unterrichtsimpulse lassen sich schließlich auch für alle übrigen Berufsschulformen finden. Einfacher lösbare bzw. weniger zeitintensive Gestaltungsaufgaben sind jeweils mit einem ☺ gekennzeichnet.

1 Hartmut von Hentig, Systemzwang und Selbstbestimmung. Über die Bedingungen der Gesamtschule in der Industriegesellschaft, Stuttgart [3]1970, S. 102.

2 Vgl. Godwin Lämmermann, Religionsdidaktik. Bildungstheoretische Grundlegung und konstruktiv-kritische Elementarisierung, Stuttgart 2005, S. 246–252.

3 Vgl. Matthias Günther, Die seelsorgliche Dimension religiöser Bildungsarbeit mit Jugendlichen, in: Marco Hofheinz/Harry Noormann (Hg.), Was ist Bildung im Horizont von Religion? Festschrift für Friedrich Johannsen zum 70. Geburtstag, Stuttgart 2014, S. 69–79.

M 1.1 Xavier Naidoo: *Nicht von dieser Welt*

Xavier Naidoo wurde 1971 in Mannheim geboren. Nicht von dieser Welt *ist der Titelsong seines 1998 veröffentlichten Debüt-Albums als Solosänger.*

So viele Nächte lag ich wach
Meine Augen rot, vom Weinen schwach
Den Kelch mit Tränen aufgefüllt
Meine Wunden ins Leintuch eingehüllt
Was soll ich suchen, das mich stützt
Wo ist der Mensch, der mich beschützt

Sie ist nicht von dieser Welt
Die Liebe, die mich am Leben hält
Ohne dich wär's schlecht um mich bestellt
Denn sie ist nicht von dieser Welt
Die Liebe, die mich am Leben hält
Ohne dich wär's schlecht um mich bestellt

Es ist wahr, wenn ich dir sage
Dass es mich quält wenn ich mich frage
Kann ich noch leben ohne dich
Eine Antwort brauch ich nicht
Du bist der Inhalt meines Lebens
Dich suchte ich vergebens
Du bist mein Licht, das die Nacht erhellt
So was ist nicht von dieser Welt
Sie ist nicht von dieser Welt
Die Liebe die mich am Leben hält
Ohne dich wär's schlecht um mich bestellt
Denn sie ist nicht von dieser Welt
Die Liebe, die mich am Leben hält
Ohne dich wär's schlecht um mich bestellt

Du hörst die Schmerzen, die ich spüre
Ohr zu Herz – eine offene Tür
Niemals ein böses Wort von dir
Die schönste Berührung zwischen dir und mir
Du fängst mich immer wieder auf
Und du gibst immer was ich brauch
Das, was mir an dir gefällt
Ist einfach nicht von dieser Welt

Sie ist nicht von dieser Welt
Die Liebe, die mich am Leben hält
Ohne dich wär's schlecht um mich bestellt
Denn sie ist nicht von dieser Welt
Die Liebe, die mich am Leben hält
Ohne dich wär's schlecht um mich bestellt

Musik, Text: Richard Geppert, Xavier Naidoo

Hören/Lesen:

1. Tauschen Sie sich über Ihre Empfindungen beim Hören des Songs aus. Welche inneren Bilder haben Sie gesehen?
2. Lesen Sie den Songtext und benennen Sie die Zeilen, die Ihre inneren Bilder entstehen ließen.

Visualisierung:

1. Ordnen Sie die folgenden Bilder den Stimmungen des lyrischen Ichs im Song *Nicht von dieser Welt* zu.
2. Entwerfen Sie weitere eigene Stimmungsbilder zum Song.

Texterforschung:

1. Benennen Sie die Eigenschaften, die Xavier Naidoo der Liebe zuschreibt.
2. Besprechen Sie, wen das lyrische Ich im Song anspricht. Stützen Sie Ihre Interpretation durch Textstellen.
3. Entfalten Sie, wie ein Erlebnis beschaffen sein müsste, damit Sie sagen könnten: »So was ist nicht von dieser Welt!«

M 1.2 Hätte ich die Liebe nicht ...

1. Kor 13,1–13

1 Wenn ich in den Sprachen der Menschen und Engel
redete, hätte aber die Liebe nicht, wäre ich dröhnen-
des Erz oder eine lärmende Pauke. 2 Und wenn ich
prophetisch reden könnte und alle Geheimnisse wüss-
te und alle Erkenntnis hätte; wenn ich alle Glaubens-
kraft besäße und Berge damit versetzen könnte, hätte
aber die Liebe nicht, wäre ich nichts. 3 Und wenn ich
meine ganze Habe verschenkte und wenn ich meinen
Leib dem Feuer übergäbe, hätte aber die Liebe nicht,
nützte es mir nichts.
4 Die Liebe ist langmütig,
die Liebe ist gütig.
Sie ereifert sich nicht,
sie prahlt nicht,
sie bläht sich nicht auf.
5 Sie handelt nicht ungehörig,
sucht nicht ihren Vorteil,
lässt sich nicht zum Zorn reizen,
trägt das Böse nicht nach.
6 Sie freut sich nicht über das Unrecht,
sondern freut sich an der Wahrheit.
7 Sie erträgt alles,
glaubt alles,
hofft alles,
hält allem stand.
8 Die Liebe hört niemals auf.
Prophetisches Reden hat ein Ende, Zungenrede ver-
stummt, Erkenntnis vergeht. 9 Denn Stückwerk [un-
vollkommen] ist unser Erkennen, Stückwerk unser
prophetisches Reden; 10 wenn aber das Vollendete
kommt, vergeht alles Stückwerk.
11 Als ich ein Kind war, redete ich wie ein Kind, dachte wie ein Kind und urteilte wie ein Kind. Als ich ein
Mann wurde, legte ich ab, was Kind an mir war.
12 Jetzt schauen wir in einen Spiegel und sehen nur
rätselhafte Umrisse, dann aber schauen wir von Angesicht zu Angesicht. Jetzt erkenne ich unvollkommen,
dann aber werde ich durch und durch erkennen, so
wie ich auch durch und durch erkannt worden bin. 13
Für jetzt bleiben Glaube, Hoffnung, Liebe, diese drei;
doch am größten unter ihnen ist die Liebe.

Die Bibel. Einheitsübersetzung in neuer Rechtschreibung,

Texterforschung:

1. Der Bibelauszug 1. Kor 13 wird mit *Das Hohelied der Liebe* überschrieben. Stellen Sie dar, was mit dieser Überschrift ausgesagt werden soll.
2. Markieren Sie mit unterschiedlichen Farben die Textstellen, an denen der Apostel Paulus über die Nächstenliebe, über die Feindesliebe und über die Liebe Gottes spricht.
3. Nehmen Sie Stellung zu der Frage: Was motiviert Menschen zu einem von der Liebe geprägten Lebensstil?
4. Setzen Sie Ihre Antwort in Beziehung zu Xavier Naidoos Text.

M 1.3 Die in Jesus Christus erschienene Liebe Gottes

Udo Schnelle, Professor für Neues Testament an der Martin-Luther-Universität Halle-Wittenberg, deutet 1. Kor 13 im Kontext des paulinischen Ringens um die von ihm gegründete Gemeinde in Korinth:

Wie die Korinther schätzt auch Paulus die Geistesgaben; zugleich betont er aber, dass der Geist selbst durch die Elemente der Ordnung, der maßvollen Selbstbeschränkung und Einordnung in die Gemeinde, durch Rücksichtnahme und Ergänzung wirken will. Die Gnadengaben sind nur dann in der Gemeinde gegenwärtig, wenn sie geteilt weitergegeben werden. Paulus bietet den Korinthern aber einen noch köstlicheren Weg an: den der Liebe (Agape). Nicht zufällig steht 1Kor 13 zwischen den von der Gefahr des Missbrauchs der Charismen [Geistesgaben] geprägten Kap. 12 und 14. Paulus verdeutlicht in 1Kor 13,1–3, dass selbst die außergewöhnlichsten Charismen nichts nützen, wenn sie nicht von der Liebe durchströmt werden. Auch die Vergänglichkeit relativiert die von den Korinthern hochgeschätzten Charismen, sie stehen unter einem eschatologischen [endzeitlichen] Vorbehalt (1Kor 13,12). Wenn die Charismen einmal vergehen und die Erkenntnis aufhört, bleibt die Liebe, die den Glauben und die Hoffnung überragt, weil sie der vollkommenste Ausdruck des Wesens Gottes ist. Die Liebe ist das Gegenteil von Individualismus und Egoismus, sich sucht nicht das Ihre, sondern offenbart ihr Wesen gerade im Ertragen des Bösen und im Tun des Guten. Die Agape von 1Kor 13 umfasst die Nächsten- und Feindesliebe, sie erschöpft sich aber nicht in Ethik. Zuallererst ist sie eine eschatologische Macht: die in Jesus Christus erschienene Liebe Gottes, die das ganze Leben der Glaubenden bestimmt. Ihr Bewährungsfeld ist die Gemeinde; Paulus entzieht dem korinthischen Vollendungsbewusstsein den Boden, denn ohne die Agape kann es keine wirkliche Erkenntnis und Vollendung geben.

Udo Schnelle, Paulus. Leben und Denken, Berlin/New York 2003, S. 235 f.

Texterforschung:

1. Stellen Sie dar, welches Ziel Paulus – laut Udo Schnelle – mit dem Briefabschnitt 1. Kor 13 verfolgte.
2. Arbeiten Sie heraus, wie Paulus den Zusammenhang zwischen Geistesgaben, ethisch reflektiertem Handeln und der Liebe Gottes sieht.
3. Fantasieren Sie: Wie hat die Erfahrung, geliebt zu werden, das Leben des lyrischen Ichs im Song *Nicht von dieser Welt* verändert?

M 1.4 Staunen und Erschrecken

Der evangelische Theologe Dietz Lange fragt nach dem Ermöglichungsgrund aller Erfahrung. Er schreibt:

Alle Erfahrung weist über sich selbst hinaus. Sie enthält Orientierungspunkte für die Erkenntnis meiner Umwelt und für das Handeln in ihr. Sie verweist damit auf etwas, das Zusammenhänge stiftet und Orientierung ermöglicht, ob es dabei nun um die Erkenntnis eines Naturgesetzes geht oder um die Beobachtung regelmäßiger Folgen eines bestimmten Sozialverhaltens, oder auch umgekehrt um die aus dem Rahmen fallende Begegnung mit einem außergewöhnlichen Menschen. Darin eingeschlossen ist die allgemeine Entdeckung, daß es überhaupt die Möglichkeit gibt, zu den Gegenständen der Welt und zu anderen Menschen in Beziehung zu treten, und schließlich ganz umfassend: daß überhaupt eine Welt ist und daß ich selber in ihr bin. Dies alles kann zwar einfach hingenommen werden. Wo es aber erfahren wird, verweist solche Erfahrung über sich hinaus auf einen Ermöglichungsgrund. Das wird dadurch angezeigt, daß alle Erfahrung, auch die Erfahrung von Gesetzmäßigkeiten, Entdeckung von etwas Neuem ist. Das Neue als Neues zu entdecken führt zu dem [Staunen], das nach alter Weisheit der Anfang der Philosophie – man könnte auch sagen: der Erfahrung – ist. Wird nun der Ermöglichungsgrund der Erfahrung, auf den das Staunen verweist, existentiell als der tragende Grund meines Daseins in der Welt verstanden, so stellt dieses Staunen de facto eine Form von Gotteserfahrung dar. Dabei ist es in diesem Zusammenhang unerheblich, ob es sich bewußt als solche versteht oder nicht, ob es sich auf einen persönlichen Gott, auf ein schöpferisches Prinzip des Weltprozesses oder auch auf einen guten Geist bezieht. Das staunende Entdecken von Sinn ist der religiöse Grund der Erfahrung [...].

Die Erfahrung des Ermöglichungsgrundes aller Erfahrung stellt [...] die eine Seite der allgemeinen Gotteserfahrung dar. Die andere Seite ist das Erschrecken vor der Zerstörung von Leben, Glück und Sinn, die ebenso zur Erfahrung gehört. Sie ist das, was die »Reise« der Erfahrung so gefährlich macht. Hier steht der Erfahrende vor dem Abgrund des Negativen. Auch darin steckt Gotteserfahrung, wobei es wiederum gleichgültig ist, ob sie auf ein blindes Schicksal, den Neid der Götter oder den heiligen, unheimlichen Gott selber zurückgeführt wird. Denn in jedem Fall weist auch hier die Erfahrung über sich hinaus auf eine Macht, die sie nur erleiden, die sie sich nicht gefügig machen kann; das ist die Macht Gottes, der »sein Antlitz verbirgt« [Ps 44,25]. Sie stellt mit der Einheit der Erfahrung auch die Erfahrung selbst in Frage, und die bleibende erkenntnistheoretische Unsicherheit der Basissätze vertieft sich zu der existentiellen Angst, ob denn das Dasein überhaupt wirklich, sinnvoll und zu bejahen sei.

Jenes Staunen und dieses Erschrecken sind die Grundelemente der allgemeinen Gotteserfahrung.

Dietz Lange, Erfahrung und die Glaubwürdigkeit des Glaubens, HUTh 18, Tübingen 1984, S. 81–83.

Texterforschung:

1. Niemand kann sich selbst zum Staunen bringen oder sich selbst erschrecken (Probieren Sie es aus!).
2. Erklären Sie, wie sich Staunen und Erschrecken von anderen Erfahrungen unterscheiden.
3. Beschreiben Sie, wie Dietz Lange Staunen und Erschrecken definiert.
4. Vergleichen Sie Langes Definitionen mit dem Songtext *Nicht von dieser Welt*. Finden Sie Sprachbilder, die das »staunende Entdecken von Sinn« (Z. 32) und die »existentielle Angst, ob denn das Dasein überhaupt wirklich, sinnvoll und zu bejahen sei« (Z. 51 ff), illustrieren.
5. Nehmen Sie begründet Stellung zu Langes These, Staunen und Erschrecken seien die Grundelemente der allgemeinen Gotteserfahrung.

Gestaltung:

1. Bilden Sie Gruppen zu 4–5 Personen.
2. Wählen Sie eine der neutestamentlich überlieferten Wundergeschichten aus.
3. Entwerfen Sie zu der Geschichte ein kurzes Theaterstück. Dabei soll vor allem deutlich werden, wie der Moment der Gotteserfahrung die Hauptperson der Geschichte verändert.

☺ Stellen Sie die Heilung eines Blinden bei Jericho (Mk 10,46–52) als Standbild dar. Achten Sie auf Körperhaltung, Gestik und Mimik des Blinden im Moment seiner Heilung. Eine Schülerin/ein Schüler, die/der nicht zu der darstellenden Gruppe gehört, soll nun in der Rolle des Geheilten seine Erfahrung, sehen zu können, beschreiben. Tauschen Sie sich anschließend über das, was Sie gesehen und gehört haben, aus.

M 2.1 Marteria: *OMG!*

Marteria wurde als Marten Laciny 1982 in Rostock geboren. Sein erstes Soloalbum Halloziehnation *veröffentlichte er 2006 unter dem Künstlernamen Marsimoto. Der Song* OMG! *erschien 2014 auf dem Album* Zum Glück in die Zukunft II.

Will da oben rein, ma sehn wie ichs mach.
Ich will ja gut sein, auch wenns nicht immer klappt.
Lauf durch die Straßen im Winter, verteil Schuhe und Brot.
Mädels und Jungs, dieses Leben ist kein U-Bahnhof.
Fahr mit nem eigenem Wagen über den CSD.
Schmeiß Gummis in die Menge und schrei Gay Okay.
Mach was du willst, auch wenns kein bewegt, keiner versteht.
Wohn mit ner Blonden und Brünetten in ner 3er-WG.
Seh die ganzen Gangsta auf der Suche nach Sinn.
Millionen Einzelkämpfer wissen nicht mehr wohin.
Am Ende des Tunnels sind all die Lichter gedimmt.
Und dreht man wieder auf, machen die Lichter uns blind.
Unsere Götter sind Freunde, warum sagen sie's uns nicht?
Kommt einer vorbei, dann ertragen wir es nicht.
Also mach ich mir n schönen Abend, doch kann nicht schlafen.
Denn wie so oft stell ich mir diese eine Frage:

Oh mein Gott, dieser Himmel.
Wie komm ich da bloß rein?
Oh mein Gott, dieser Himmel.
Wo zur Hölle soll der sein?

Oh mein Gott, dieser Himmel.
Wie komm ich da bloß rein?
Oh mein Gott, dieser Himmel.
Wo zum Teufel soll der sein?

Will da oben rein, wie soll das gehen?
Muss ich sein wie Mohammed, Buddha oder Kanye?
Kann die Zeichen nicht sehn, kann kein einziges Gebet.
Find einfach keine Ruhe, doch jeder Beichtstuhl is' belegt.
Bin jetzt 30, keine Angst, ich heirate bald.
Brüder und Schwestern, stellt schon mal das Weihwasser kalt.
Die Welt zu verändern, alles liegt in meiner Gewalt.
Will Frieden verbreiten, hab immer meine Pfeife dabei.
Seh die ganzen Emos auf der Suche nach Sinn.
Doch ich weiß, ich bin für was Gutes bestimmt.
In den Goldgräberminen is noch genug für mich drin.
Mein neues Haus sieht aus wie der Louvre von inn.
Vatikan, Tibet und Mekka wir feiern ins nächste Jahr.

Zum Dank schießen wir dir Silvester Raketen in Arsch.
Und ich mach mir heut n schönen Abend, doch kann nicht schlafen.
Denn wie so oft stell ich mir diese eine Frage:

Oh mein Gott, dieser Himmel.
Wie komm ich da bloß rein?
Oh mein Gott, dieser Himmel.
Wo zur Hölle soll der sein?

Oh mein Gott, dieser Himmel.
Wie komm ich da bloß rein?
Oh mein Gott dieser Himmel.
Wo zum Teufel soll der sein?

Oh mein Gott, dieser Himmel.
Wie komm ich da bloß rein?
Oh mein Gott, dieser Himmel.
Wo zur Hölle soll der sein?

Egal, ich lieg in ihren Armen. Amen.
Ja, ich lieg in ihren Armen. Amen.
Oh mein Gott, bin im Himmel, sie macht mich einfach nur high.

Text: Dirk Berger, David Conen, DJ Illvibe, Marten Laciny
Musik: Dirk Berger, David Conen, DJ Illvibe, Marten Laciny, Julian Williams

Hören/Lesen:
1. Geben Sie wieder, welche Wörter/Sätze Ihnen nach dem Hören im Gedächtnis geblieben sind (nur Zitate, keine Deutungen!).
2. Lesen Sie den Songtext und markieren Sie die Passagen, die Ihnen wichtig sind.
3. Formulieren Sie mit eigenen Worten die Frage, die das lyrische Ich umtreibt, und die Antwort, die der Song gibt.

Tipp:
Zum Vergleich bietet sich der Song *Paradies* von den Toten Hosen (Text/Musik: Andreas Frege) an. Er wurde 1996 auf dem Album *Opium fürs Volk* veröffentlicht.

Informationen:
CSD: Christopher Street Day.
Kanye: Kanye Omari West, geb. 1977, US-amerikanischer Rapper und Musikproduzent.
Emos: Anhänger der Emo-Szene, deren Lebensstil insbesondere durch die Zur-Schau-Stellung von Emotionalität geprägt ist.

M 2.2 Wie komme ich in den Himmel?

Visualisierung:
Übertragen Sie die Überlegungen des lyrischen Ichs in *OMG!* zu der Frage, wie es in den Himmel kommen könnte, grafisch in die Gedankenblasen.

M 2.3 »Der Gerechte wird aus Glauben leben.«

Röm 1,16–17

16 Denn ich schäme mich des Evangeliums nicht; denn es ist eine Kraft Gottes, die selig macht alle, die daran glauben, die Juden zuerst und ebenso die Griechen. 17 Denn darin wird offenbart die Gerechtigkeit, die vor Gott gilt, welche kommt aus Glauben in Glauben; wie geschrieben steht (Habakuk 2,4): »Der Gerechte wird aus Glauben leben.«

Röm 3,21–28

21 Nun aber ist ohne Zutun des Gesetzes die Gerechtigkeit, die vor Gott gilt, offenbart, bezeugt durch das Gesetz und die Propheten. 22 Ich rede aber von der Gerechtigkeit vor Gott, die da kommt durch den Glauben an Jesus Christus zu allen, die glauben. Denn es ist hier kein Unterschied: 23 sie sind allesamt Sünder und ermangeln des Ruhmes, den sie bei Gott haben sollten, 24 und werden ohne Verdienst gerecht aus seiner Gnade durch die Erlösung, die durch Christus Jesus geschehen ist. 25 Den hat Gott für den Glauben hingestellt als Sühne in seinem Blut zum Erweis seiner Gerechtigkeit, indem er die Sünden vergibt, die früher 26 begangen wurden in der Zeit seiner Geduld, um nun in dieser Zeit seine Gerechtigkeit zu erweisen, dass er selbst gerecht ist und gerecht macht den, der da ist aus dem Glauben an Jesus.

27 Wo bleibt nun das Rühmen? Es ist ausgeschlossen. Durch welches Gesetz? Durch das Gesetz der Werke? Nein, sondern durch das Gesetz des Glaubens. 28 So halten wir nun dafür, dass der Mensch gerecht wird ohne des Gesetzes Werke, allein durch den Glauben.

Lutherbibel, revidierter Text 1984, durchgesehene Ausgabe, © 1999 Deutsche Bibelgesellschaft Stuttgart

Texterforschung:

1. Skizzieren Sie die Fragestellung, die den Apostel Paulus in den Römerbriefpassagen beschäftigt.
2. Der evangelische Theologe Ulrich Wilckens schreibt in seinem Kommentar zu Röm 3,21 ff: »Zum Glauben bedarf es nichts als des Zutrauens zu Gott, sich die Gerechtigkeit, die Zugehörigkeit zu ihm und seinem Heil *schenken* zu lassen« (Der Brief an die Römer. Röm 1–5, EKK VI/1, Zürich und Düsseldorf/Neukirchen-Vluyn [3]1997, 200 f). Entfalten Sie Wilckens' Aussage am Paulus-Text.
3. Zeigen Sie auf, welche Lebensperspektiven sich dem lyrischen Ich im Song *OMG!*, wenn es im paulinischen Sinne »aus Glauben lebt«, eröffnen können. Kann es neue Handlungsmöglichkeiten finden?

M 2.4 Luthers Entdeckung der Gerechtigkeit Gottes

Mit außerordentlicher Leidenschaft war ich davon besessen, Paulus im Brief an die Römer kennenzulernen. Nicht die Herzenskälte, sondern ein einziges Wort im ersten Kapitel (V. 17) war mir bisher dabei im Wege: »Die Gerechtigkeit Gottes wird darin (im Evangelium) offenbart.« Ich hasste nämlich dieses Wort »Gerechtigkeit Gottes«, weil ich durch den Gebrauch und die Gewohnheit aller Lehrer unterwiesen war, es philosophisch von der formalen oder aktiven Gerechtigkeit (wie sie es nennen) zu verstehen, nach welcher Gott gerecht ist und die Sünder und Ungerechten straft. Ich konnte den gerechten, die Sünder strafenden Gott nicht lieben, ich hasste ihn sogar. Wenn ich auch als Mönch untadelig lebte, fühlte ich mich vor Gott doch als Sünder und mein Gewissen quälte mich sehr. Ich wagte nicht zu hoffen, dass ich Gott durch meine Genugtuung versöhnen könnte. Und wenn ich mich auch nicht in Lästerungen gegen Gott empörte, so murrte ich heimlich doch gewaltig gegen ihn: Als ob es noch nicht genug wäre, dass die elenden und durch die Erbsünde ewig verlorenen Sünder durch das Gesetz des Dekalogs mit jeder Art von Unglück beladen sind, musste denn Gott auch noch durch das Evangelium Jammer auf Jammer häufen und uns auch durch das Evangelium seine Gerechtigkeit und seinen Zorn androhen? So wütete ich wild und mit verwirrtem Gewissen, jedoch klopfte ich rücksichtslos bei Paulus an dieser Stelle an; ich dürstete glühend zu wissen, was Paulus wolle. Da erbarmte sich Gott meiner. Tag und Nacht war ich in tiefe Gedanken versunken, bis ich endlich den Zusammenhang der Worte beachtete: »Die Gerechtigkeit Gottes wird in ihm (im Evangelium) offenbart, wie geschrieben steht: Der Gerechte lebt aus dem Glauben.« Da fing ich an, die Gerechtigkeit Gottes als eine solche zu verstehen, durch welche der Gerechte als durch Gottes Gnade lebt, nämlich aus dem Glauben. Ich fing an zu begreifen, dass dies der Sinn sei: Durch das Evangelium wird die Gerechtigkeit Gottes offenbart, nämlich die passive, durch welche uns der barmherzige Gott rechtfertigt, wie geschrieben steht: »Der Gerechte lebt aus dem Glauben.« Da fühlte ich mich wie ganz und gar neu geboren und durch offene Tore trat ich in das Paradies selbst ein. Da zeigte mir die ganze Schrift ein völlig anderes Gesicht. Ich ging die Schrift durch, soweit ich sie im Gedächtnis hatte, und fand auch bei anderen Worten das gleiche, z. B. »Werk Gottes« bedeutet das Werk, welches Gott in uns wirkt; »Kraft Gottes« – durch welche er uns kräftig macht; »Weisheit Gottes« durch welche er uns weise macht. Das gleiche gilt für »Stärke Gottes«, »Heil Gottes«, »Ehre Gottes«. Mit so großem Hass, wie ich zuvor das Wort »Gerechtigkeit Gottes« gehasst hatte, mit so großer Liebe hielt ich jetzt dies Wort als das allerliebste hoch. So ist mir diese Stelle des Paulus in der Tat die Pforte des Paradieses gewesen.

Martin Luther, Vorrede zu Band I der lateinischen Schriften, in: Kurt Aland (Hg.), Luther Deutsch. Die Werke Martin Luthers in neuer Auswahl für die Gegenwart, Band 2. Der Reformator, Göttingen 1981, S. 19.

Texterforschung:

1. Formulieren Sie die Frage, die Luther quälte.
2. Analysieren Sie den Gang seiner Gedanken bis zur Entdeckung der Gerechtigkeit Gottes.
3. Überlegen Sie, ob Sie Luthers Vorstellung vom Paradies (oder: Himmel) auf Erden teilen können. Wie muss Ihr Leben aussehen, damit Sie sich »wie im Paradies« fühlen?
4. Vergleichen Sie in Partnerarbeit Luthers Überlegungen mit den Gedanken des lyrischen Ichs im Song *OMG!*.

Gestaltung:

Entwerfen Sie einen fiktiven Dialog zwischen Luther und dem lyrischen Ich im Song. Arbeiten Sie dabei Gemeinsamkeiten, Unterschiede und Konsequenzen der jeweiligen Überlegungen heraus.

☺ Ersetzen Sie die letzten drei Textzeilen von *OMG!* durch eine eigene Rapp-Strophe (sie darf gern länger als drei Zeilen sein).

M 3.1 Fettes Brot: *An Tagen wie diesen*

Die Band Fettes Brot wurde 1992 in der Nähe von Hamburg gegründet. Bandmitglieder sind Martin Vandreier, Boris Lauterbach, Björn Warns und Markus Pauli. Der Song An Tagen wie diesen *wurde 2005 auf dem Album* Am Wasser gebaut *veröffentlicht.*

Moin, moin – was geht?
Alles klar bei dir? Wie spät?
Gleich neun – okay.

Will mal eben los, Frühstück holen gehen
Schalt den Walkman an, zieh die Haustür ran
Lauf die Straße entlang bis zum Kaufmannsladen
Denn da gibt's die allerbesten Brötchen weit und breit
Kann am Tresen kurz mal lesen, was die Zeitung schreibt
Irgendwas von 'nem Großangriff
Unzählige Bomben auf 'ne kleine Stadt
Viele Menschen ums Leben gekommen
Und dem Erdboden gleich gemacht in nur einer Nacht
Ich zahle und verlasse den Bäcker
Hör noch den Nachrichtensprecher
»Lage wieder mal dramatisch verschlechtert, heute fantastisches Wetter«
Plötzlich gibt's n Knall, tausend Scherben überall
Die Nachbarskatze hat's erwischt bei 'nem Verkehrsunfall
Der Anblick kann einem echt die Laune verderben
Was fällt diesem Mistvieh ein, hier genau vor meinen Augen zu sterben?

Absolute Wahnsinnsshow
Im Fernsehn und im Radio
Die Sonne lacht so schadenfroh
An Tagen wie diesen
Niemand, der mir sagt, wieso
Beim Frühstück oder Abendbrot
Die Fragen bohren so gnadenlos
An Tagen wie diesen

Eine Million bedroht vom Hungertod nach Schätzungen der UNICEF
Während ich grad gesundes Obst zerhäcksel in der Mulinex
Seh ein Kind, in dessen traurigen Augen 'ne Fliege sitzt
Weiß, dass das echt grausam ist, doch scheiße Mann, ich fühle nix
Was ist denn bloß los mit mir, verdammt, wie ist das möglich?
Vielleicht hab ich's schon zu oft gesehen, man sieht's ja beinah täglich
Doch warum kann mich mittlerweile nicht mal das mehr erschrecken
Wenn irgendwo Menschen an dreckigem Wasser verrecken?
Dieses dumpfe Gefühl, diese Leere im Kopf
So was kann uns nie passieren, und was wäre, wenn doch?

Und mich zerreißen die Fragen, ich kann den Scheiß nicht ertragen
Die haben da nichts mehr zu fressen und ich hab Steine im Magen

Absolute Wahnsinnsshow
Im Fernsehn und im Radio
Die Sonne lacht so schadenfroh
An Tagen wie diesen
Niemand, der mir sagt, wieso
Beim Frühstück oder Abendbrot
Die Fragen bohren so gnadenlos
An Tagen wie diesen

Was hat er grade gesagt an so 'nem normalen Samstag
Passiert auf bestialische Art ein ganz brutaler Anschlag
Bei dem sechs Leute starben, die Verletzten schreien Namen
Diese entsetzlichen Taten lassen mich jetzt nicht mehr schlafen
Und ich seh's noch genau: das Bild im TV
Ein junger Mann steht dort im Staub, fleht um Kind und Frau
Jetzt frag ich mich, wie ist es wohl, wenn man sein Kind verliert
Noch bevor es seinen ersten Geburtstag hat
Doch das übersteigt meine Vorstellungskraft
Vielleicht waren die Attentäter voller Hass für den Gegner
Vielleicht gab es Liebe für Familie und sie waren sogar selber Väter
Manchmal, wenn ich Nachrichten seh, passiert mit mir etwas Seltsames
Denn auch wir sind Eltern jetzt, haben ein Kind in diese Welt gesetzt
Dann kommt es vor, dass ich Angst davor krieg, dass uns etwas geschieht
Dass man den verliert, den man liebt, dass es das wirklich gibt
Mitten in der Nacht werd ich wach und bin schweißgebadet
Schleich zum Bett meiner Tochter und hör, wie sie ganz leise atmet

Absolute Wahnsinnsshow
Im Fernsehn und im Radio
Die Sonne lacht so schadenfroh
An Tagen wie diesen
Niemand, der mir sagt, wieso
Beim Frühstück oder Abendbrot
Die Fragen bohren so gnadenlos
An Tagen wie diesen

Was für 'ne Wahnsinnsshow
Im Fernsehen und im Radio
Die Sonne lacht dabei so schadenfroh
Ich werd' die Bilder nicht mehr los
Beim Frühstück und beim Abendbrot
Niemand, der mir sagen kann, wieso

Text/Musik: Ferdinand Bolland, Robert Bolland, Boris Lauterbach, Johann Hölzel, Martin Vandreier, Björn Warns

Hören/Lesen:

1. Äußern Sie sich spontan: Was haben Sie gehört (nur Zitate, keine Deutungen!)?
2. Tauschen Sie sich darüber aus, welche aktuellen Nachrichtenbilder Ihnen beim Hören des Songs eingefallen sind.

Visualisierung:

1. Entwerfen Sie zum Refrain des Songs eine Zeichnung.

Texterforschung:

1. Beschreiben Sie den Kontrast zwischen der geschilderten Alltagsnormalität der Ich-Erzähler im Song und dem Geschehen, von dem in den Medien berichtet wird.
2. Analysieren Sie, wie die drei Ich-Erzähler auf ihre Wahrnehmungen von Gewalt reagieren. Können Sie ihre Reaktionen nachvollziehen?
3. Der Soziologe Niklas Luhmann schreibt: »Kontingent ist etwas, was weder notwendig ist noch unmöglich ist; was also so, wie es ist (war, sein wird), sein kann, aber auch anders möglich ist. Der Begriff bezeichnet mithin Gegebenes (zu Erfahrendes, Erwartetes, Gedachtes, Phantasiertes) im Hinblick auf mögliches Anderssein; er bezeichnet Gegenstände im Horizont möglicher Abwandlungen.« (aus: Soziale Systeme. Grundriß einer allgemeinen Theorie, Frankfurt a. M. 1984, S. 152)
4. Geben Sie mit eigenen Worten wieder, wie Luhmann »kontingent« definiert und wenden Sie den Begriff auf die Erfahrungen der Ich-Erzähler an.
5. Tauschen Sie sich darüber aus, wie Sie selbst mit dieser Vorstellung umgehen: Alles, was wichtig und wertvoll für uns ist, könnte auch ganz anders oder sogar gar nicht mehr sein.

Informationen:

UNICEF: ursprünglich »United Nations International Children's Emergency Found« – Kinderhilfswerk der Vereinten Nationen.
Mulinex: Küchenmaschine der Marke Moulinex.

M 3.2 Der barmherzige Samariter

Lk 10,25–37

25 Da stand ein Gesetzeslehrer auf, und um Jesus auf die Probe zu stellen, fragte er ihn: Meister, was muss ich tun, um das ewige Leben zu gewinnen? 26 Jesus sagte zu ihm: Was steht im Gesetz? Was liest du dort? 27 Er antwortete: Du sollst den Herrn, deinen Gott, lieben mit ganzem Herzen und ganzer Seele, mit all deiner Kraft und all deinen Gedanken, und: Deinen Nächsten sollst du lieben wie dich selbst. 28 Jesus sagte zu ihm: Du hast richtig geantwortet. Handle danach und du wirst leben. 29 Der Gesetzeslehrer wollte seine Frage rechtfertigen und sagte zu Jesus: Und wer ist mein Nächster?

30 Darauf antwortete ihm Jesus: Ein Mann ging von Jerusalem nach Jericho hinab und wurde von Räubern überfallen. Sie plünderten ihn aus und schlugen ihn nieder; dann gingen sie weg und ließen ihn halb tot liegen. 31 Zufällig kam ein Priester denselben Weg herab; er sah ihn und ging weiter. 32 Auch ein Levit kam zu der Stelle; er sah ihn und ging weiter. 33 Dann kam ein Mann aus Samarien, der auf der Reise war. Als er ihn sah, hatte er Mitleid, 34 ging zu ihm hin, goss Öl und Wein auf seine Wunden und verband sie. Dann hob er ihn auf sein Reittier, brachte ihn zu einer Herberge und sorgte für ihn. 35 Am andern Morgen holte er zwei Denare hervor, gab sie dem Wirt und sagte: Sorge für ihn, und wenn du mehr für ihn brauchst, werde ich es dir bezahlen, wenn ich wiederkomme.

36 Was meinst du: Wer von diesen dreien hat sich als der Nächste dessen erwiesen, der von den Räubern überfallen wurde? 37 Der Gesetzeslehrer antwortete: Der, der barmherzig an ihm gehandelt hat. Da sagte Jesus zu ihm: Dann geh und handle genauso!

Die Bibel. Einheitsübersetzung in neuer Rechtschreibung,

Texterforschung:

1. Zerlegen Sie den Text Lk 10,25–37 in mehrere sinnvolle Erzählstränge.
2. Mit der Beispielerzählung V. 30–35 will Jesus zeigen, wie sich das Gebot der Feindesliebe (Mt 5,44) konkret verwirklichen lässt. Beschreiben Sie mit eigenen Worten, wie in diesem Beispiel Feindesliebe praktiziert wird.
3. Analysieren Sie, wie Jesus die Frage des Gesetzeslehrers »Wer ist mein Nächster?« (V. 29) beantwortet.
4. Prüfen Sie, in welcher Weise der Song *An Tagen wie diesen* die Frage nach dem Nächsten stellt.

Informationen:

Mann aus Samarien: Einwohner Samariens. »Die Mischbevölkerung von Samaria wurde von den Juden des Südens nicht als jüd[isch] anerkannt […] Die Feindschaft zwischen Juden und S[amaritern] spiegelt sich auch im NT wieder. Eine der schlimmsten Beleidigungen gegen Jesus war, ihn einen S[amariter] zu nennen (Joh 8,48). Seine Jünger hätten ein wenig gastfreundliches samarit[anisches] Dorf am liebsten zerstört und verstanden nicht, daß er mit einer samarit[anischen] Frau redete (Lk 9,51–55; Joh 4,27). Der ›Barmherzige Samariter‹ war für die Juden etwas Undenkbares« (Lk 10,33–37).

Kurt Hennig (Hg.), Jerusalemer Bibellexikon, Neuhausen-Stuttgart [4]1998, S. 763.

M 3.3 Der Wechsel der Perspektive

Gerd Theißen, Professor em. für Neues Testament in Heidelberg, und Annette Merz, Professorin für Neues Testament in Utrecht, zeigen auf, wie Jesus den Begriff »der Nächste« neu bestimmt:

Mit der vermutlich lk redaktionellen Verbindung von Doppelgebot und Samaritererzählung (Lk 10,25–28.29–32) wird der auch von jüdischen Schriftgelehrten geteilten Lehrgrundlage eine jesuanische Interpretation beigegeben. Der Evangelist will mit dem Gleichnis vom Samariter das proprium christianum [das Eigentliche des Christentums] darstellen und greift dazu auf ein vielleicht authentisches Jesusgleichnis zurück.

1. Die Komposition zeichnet sich durch einen auffälligen Perspektivenwechsel aus: Die im jüdischen Diskussionskontext sachgemäße Frage, welche Personen als zu liebende Nächste gelten sollen (Lk 10,29), wird umgekehrt in die Frage, welche Person sich als Subjekt der Nächstenliebe erwiesen hat (10,36). Dies nur literarkritisch als Folge der Verknüpfung verschiedener Quellen zu erklären, greift zu kurz, denn in diesem Perspektivenwechsel liegt offensichtlich die ethische Pointe: Menschen sind keine Nächsten (etwa durch räumliche Nähe oder die Zugehörigkeit zu einer bestimmten Gruppe), sondern erst ihr von Liebe geprägtes Handeln macht sie zu Nächsten.

2. Die Erzählung vermittelt diesen Gedanken durch die gezielte Enttäuschung einer vorhersagbaren Personenabfolge. Nachdem zwei Repräsentanten der religiösen Elite Israels ihre Nächstenpflicht an einem Volksgenossen versäumt haben, erfordert die Handlungslogik eigentlich, daß nun ein rechtschaffender Laie sich seines Bruders erbarmt. Doch in diese Rolle des Nächsten tritt der Samariter ein, ein Angehöriger eines fremden Volkes, das mit den Juden eine bittere Geschichte von Feindschaft, Hass und Vorurteilen verband. So wird gezeigt: Nächstenliebe ist universalistisch konzipiert, umfasst auch Fremde bzw. wird auch von Fremden geübt.

3. Die Ausweitung des Nächstenbegriffs in der Jesusüberlieferung steht im Kontext jüdischer Diskussionen um die Reichweite des Begriffs »Nächster« in Lev 19,18, der dort ursprünglich nur Glieder des Volkes Israel meinte.

Gerd Theißen/Annette Merz, Der historische Jesus. Ein Lehrbuch, Göttingen ^{4}2011, S. 345 f.

Texterforschung:

1. Vergleichen Sie die Nächstenliebe-Gebote in Lev 19,18, 19,33 f. und im Gleichnis vom barmherzigen Samariter.
2. »Wer ist mein Nächster?« fragt nach dem Objekt der Nächstenliebe. Formulieren Sie die Frage nach dem Subjekt der Nächstenliebe.
3. Schauen Sie auf den Songtext *An Tagen wie diesen:* Hätten die Ich-Erzähler durch den Perspektivenwechsel, den Jesus vornimmt, neue Handlungsmöglichkeiten?
4. Nehmen Sie Stellung vor dem Hintergrund Ihrer eigenen Erfahrungen: Lässt sich eine universalistisch verstandene Nächstenliebe konkret verwirklichen?

Gestaltung:

Stellen Sie sich folgende Situation vor: Jesus ist nach 2000 Jahren zurück auf die Erde gekommen. Er sieht die Lieblosigkeit der Menschen, auch das Leid, das sie sich zufügen. Entwerfen Sie ein Rollenspiel, das zeigt, wie Jesus den Menschen seine universalistische Vorstellung von Nächstenliebe nahebringt.

☺ Schauen Sie sich gemeinsam den Film »Jesus liebt mich« (2013; Regie: Florian David Fitz; © Warner Bros. Entertainment GmbH) an. Beschreiben Sie, wie Jesus mit den Menschen umgeht. Entwerfen Sie eine eigene Filmszene, in der Jesus mit den Ich-Erzählern des Songs *An Tagen wie diesen* spricht.

M 4.1 Deichkind: *Bück dich hoch*

Die Hip-Hop- und Electropunkband Deichkind wurde 1997 in Hamburg gegründet. Aktuell gehören ihr Sebastian Dürre, Philipp Grütering, Ferris Hilton und DJ Phono an. Der Song Bück dich hoch *erschien 2012 auf dem Album* Befehl von ganz unten.

Halt die Deadline ein, so ist's fein!
Hol' die Ellenbogen raus, burn dich aus!
24/7, 8 bis 8, was geht ab, machste schlapp, what the fuck?!
Bück dich, bück dich, bück dich hoch,
Bück dich, bück dich, bück dich hoch,
Bück dich, bück dich, bück dich hoch,
Bück dich hoch, ja!
Das muss heute noch zum Chef, besser jetzt!
Bück dich hoch.
Ach du Schreck, Bonus-Scheck, ist schon weg!
Bück dich hoch.
Fleißig Überstunden, ganz normal!
Bück dich hoch.
Unbezahlt, scheiß egal, keine Wahl!
Bück dich hoch.

Klick dich, fax dich, mail dich hoch,
Grapsch dich, quetsch dich, schleim dich hoch,
Kick dich, box dich, schlaf dich hoch,
Bück dich hoch, ja!

Bück dich hoch! Komm steiger den Profit!
Bück dich hoch! Sonst wirst du ausgesiebt!
Bück dich hoch! Mach dich beim Chef beliebt!
Bück dich hoch! Auch wenn es dich verbiegt!
Bück dich hoch! Komm steiger den Profit!
Bück dich hoch! Sonst wirst du ausgesiebt!
Bück dich hoch! Mach dich beim Chef beliebt!
Bück dich hoch! Bück dich hoch, ja!

Dieses Wochenende Pitch, machste mit!
Bück dich hoch.
Denke groß, sei aktiv, halt dich fit!
Bück dich hoch.
Pass dich an, du bist nichts, glaub ans Team!
Bück dich hoch.
Halt die Schnauze, frisch ans Werk und verdien!
Bück dich hoch.
Aufgebraucht, abgeraucht, ausgetauscht!
Bück dich hoch.
Komm, pack im Meeting noch 'ne Schippe drauf!
Bück dich hoch.
Yogakurs, abgesagt, reingekloppt!
Bück dich hoch.
Fehlt der Job, ja mein Gott, tu als ob!
Bück dich hoch.

Klick dich, fax dich, mail dich hoch,
Grapsch dich, quetsch dich, schleim dich hoch,
Kick dich, box dich, schlaf dich hoch,
Bück dich hoch, ja!

Bück dich hoch! Komm steiger den Profit!
Bück dich hoch! Sonst wirst du ausgesiebt!
Bück dich hoch! Mach dich beim Chef beliebt!
Bück dich hoch! Auch wenn es dich verbiegt!
Bück dich hoch! Komm steiger den Profit!
Bück dich hoch! Sonst wirst du ausgesiebt!
Bück dich hoch! Mach dich beim Chef beliebt!
Bück dich hoch! Bück dich hoch, ja!

Zick dich, bitch dich, grins dich, push dich,
Deal dich, klatsch dich, drück dich, reib dich,
Swing dich, stech dich, grip dich, zech dich,
Roll dich, fahr dich, stampf dich, jag dich,
Kämpf dich, schieß dich, gräm dich, flash dich,
Schlag dich, kick dich, press dich, füg dich,
Treib dich, knöpf dich, schraub dich, quäl dich,
Bück dich hoch.

Du brauchst Konkurrenz, keine Fans!
Do your fucking Job till the End!
Nimm dir ein Beispiel an Donald Trump!
Was ist los, reiß dich zusammen, pack mit an!
Deinen Einsatz gibst du denen da oben gern!
Bück dich hoch.
Schenke deinen Urlaub dem Konzern!

Bück dich hoch.
Trink ein' großen Schluck Leistungsdruck!
Bück dich hoch.
Wir steigern das Bruttosozialprodukt!

Bück dich hoch! Komm steiger den Profit!
Bück dich hoch! Sonst wirst du ausgesiebt!
Bück dich hoch! Mach dich beim Chef beliebt!
Bück dich hoch! Auch wenn es dich verbiegt!
Bück dich hoch! Komm steiger den Profit!
Bück dich hoch! Sonst wirst du ausgesiebt!
Bück dich hoch! Mach dich beim Chef beliebt!
Bück dich hoch! Bück dich hoch, ja!
Bück dich hoch, ja!

Text: Sebastian Dürre, Philipp Grütering;
Musik: Sebastian Dürre, Philipp Grütering, Roland Knauf

Informationen:
24/7: 24 Stunden am Tag/sieben Tage in der Woche, Arbeit rund um die Uhr.
Pitch: Präsentation eines Produktes oder einer Dienstleistung vor einem potentiellen Kunden.
Donald Trump: Donald John Trump, geb. 1946 in New York City, ist ein US-amerikanischer Immobilien-Unternehmer.

Hören/Lesen:

1. Nennen Sie die »Karrieretipps«, die Ihnen im Gedächtnis geblieben sind.
2. Beschreiben Sie Ihre Empfindungen beim Hören des Songs.

Visualisierung:

1. Beschreiben Sie das Bild.
2. Wählen Sie eine Songzeile als Titel für das Bild aus.
3. Stellen Sie weitere Songzeilen als Standbilder dar.

M4.2 »Burn dich aus!«

Geschichte 1

Sonntags, so gegen 5 am Nachmittag, fährt er los. Er gibt seiner Frau einen Kuss, seiner Tochter auch – wenn sie mal zu Hause ist. Seine Frau sagt: »Fahr vorsichtig.« Er steigt in den schwarzen A6 und nimmt die Autobahn Richtung Hamburg.

Am Freitag, spät abends, ist er immer zurück.

Es war einmal sein Traumjob. Vor zwei Jahren hatte ihm die Firma das doppelte Gehalt geboten, um ihn abzuwerben. Abteilungsdirektor mit Dienstwagen, Sekretärin, ein Büro mit Blick auf die Alster. Die ersten Tage war er glücklich, am Ziel, ganz oben angekommen. Doch sein Chef war von Anfang an misstrauisch, ob er das schaffen würde, seine Abteilung stand nie wirklich hinter ihm. Nach einem dreiviertel Jahr wurde ihm schlecht, wenn er sonntags die Elbbrücken erreichte.

Vor vier Wochen bat man ihn in die Vorstandsetage. Er wusste, was kommen würde. Man hätte sich die Zusammenarbeit doch anders vorgestellt, man sähe keine Perspektive. Natürlich würde er noch sechs Monate das volle Gehalt bekommen, dann eine Abfindung, den A6 könnte er selbstverständlich so lange noch fahren. Nur die Firmenschlüssel sollte er schon einmal abgeben und das Büro räumen.

Seit vier Wochen ist es schwer, die Tage in Hamburg rumzukriegen. Er hat schon jedes Museum gesehen, war in jedem Restaurant, kennt jeden Kran im Hafen. Freitag, spät abends, kommt er nach Hause. Er gibt seiner Frau einen Kuss, sie fragt: »Na, wie war's?«, und er sagt: »Ach, immer der gleiche Stress.« Nächsten Monat hat sie Geburtstag, sie ist stolz auf ihn, seine Tochter auch. Alle Freunde sind eingeladen, auf der Terrasse wollen sie feiern. Er kann es ihr nicht sagen, nicht jetzt. Er tut so, als sei er müde, setzt sich in seinen Sessel und hat nur den einen Wunsch: dass es niemals mehr Sonntagnachmittag würde.

Geschichte 2

Burnout ist etwas für Anfänger. Er ist Profi. Leben ist kein Weichspüler, Leben ist das harte Programm. Er hätte es nicht so weit gebracht, wäre er nicht Profi.

Burnout kann er sich gar nicht leisten. Und das ist auch kein Burnout in den letzten Wochen. Sonst konnte er immer einschlafen nach der Flasche Bordeaux abends. Seit Sonntag nicht mehr. Na und? Dann braucht er jetzt halt zwei. Es ist eine Phase.

Dass er gestern seine Sekretärin angeschrien hat, war einfach mal nötig – wie lange schon erträgt er ihre Unfähigkeit. Er kann es einfach nicht haben, wenn etwas nicht da liegt, wo es immer liegt. Heute Abend ist das Essen mit Müller. Und die Akte ist weg. Er braucht den Auftrag von Müller, er *will* den Auftrag von Müller. Seine Sekretärin hat sich heute Morgen krank gemeldet. Und Müller kommt mit seiner Frau und die braucht Blumen heute Abend. Dann fährt er eben selbst noch zur Tankstelle und holt welche. Nein, Burnout ist etwas anderes.

Am Abend fährt er los, er ist viel zu spät dran. Er biegt bei der Tankstelle ein, parkt irgendwie, schnappt sich den größten Blumenstrauß am Eingang, hat die Kreditkarte schon bereit. In der Tankstelle läuft der Fernseher. Der HSV spielt im Viertelfinale. »Da war ich früher auch im Stadion«, kommt ihm kurz in den Sinn, »was für eine tolle Zeit!« Er bleibt stehen, legt die Blumen auf einen der Stehtische. Die Flanke kommt, der Stürmer steht frei – der Ball ist drin. Er jubelt mit dem Mann an der Kasse. Er will ein Eis – wann hat er zuletzt ein Eis gegessen? Der HSV hat einen Lauf. Er lockert seine Krawatte. Ein fantastisches Spiel! Die Zeit vergeht. Abpfiff. Er hat Müller vergessen.

»Was für ein schöner Abend«, denkt er, als er ganz langsam nach Hause fährt – mit Blumen für seine Frau.

Klaus Grünwaldt/Matthias Günther, Für die, die sonst nicht kommen. 10 Mitmachgottesdienste, Dienst am Wort 138, Göttingen 2011, S. 69 f., 113 f.

Texterforschung:

1. Fassen Sie die Geschichten kurz in eigenen Worten zusammen und geben Sie ihnen einen Titel.
2. Setzen Sie die Geschichten in Beziehung zum Songtext *Bück dich hoch:* Wo sehen Sie Entsprechungen, wo werden die »Karrieretipps« durchbrochen?
3. Überlegen Sie gemeinsam, was Sie den Protagonisten der Geschichten sagen könnten.

Gestaltung:

Beschreiben Sie das Bild. Vergleichen Sie es mit den Geschichten und mit dem Deichkind-Song. Entwerfen Sie anschließend eigene »Gegenbilder« zum Songtext.

© panthermedia.net/GeWo

M 4.3 »Wir haben nichts mitgebracht, wir können nichts mitnehmen«

1. Tim 6,7-10

7 Denn wir haben nichts in die Welt mitgebracht, und wir können auch nichts aus ihr mitnehmen. 8 Wenn wir Nahrung und Kleidung haben, soll uns das genügen. 9 Wer aber reich werden will, gerät in Versuchungen und Schlingen, er verfällt vielen sinnlosen und schädlichen Begierden, die den Menschen ins Verderben und in den Untergang stürzen. 10 Denn die Wurzel aller Übel ist die Habsucht. Nicht wenige, die ihr verfielen, sind vom Glauben abgeirrt und haben sich viele Qualen bereitet.

1. Tim 6,17-19

17 Ermahne die, die in dieser Welt reich sind, nicht überheblich zu werden und ihre Hoffnung nicht auf den unsicheren Reichtum zu setzen, sondern auf Gott, der uns alles reichlich gibt, was wir brauchen. 18 Sie sollen wohltätig sein, reich werden an guten Werken, freigebig sein und, was sie haben, mit anderen teilen. 19 So sammeln sie sich einen Schatz als sichere Grundlage für die Zukunft, um das wahre Leben zu erlangen.

Texterforschung:

1. Formulieren Sie in eigenen Worten die Kernaussagen der beiden Abschnitte aus dem 1. Timotheusbrief.
2. Arbeiten Sie die Alternative, vor die der Verfasser seine Leserinnen und Leser stellt, heraus.
3. Zeigen Sie die Konsequenzen auf, die das Vertrauen auf Gottes Fürsorge (V. 17 f) für den in *Bück dich hoch* Angesprochenen hätte.

M 4.4 Burnout – keine eingebildete Krankheit

»Ich fühle mich so allein und ohnmächtig und den Wassermassen um mich herum im Boot so ausgeliefert.« So kann es einem gehen, wenn man sich heillos überfordert sieht. Das eigene Boot, der eigene Raum schützt nicht mehr. Es ist nichts mehr zu kontrollieren, was eindringt und was draußen bleibt. Die eigenen Kräfte schwinden unter diesem Druck von außen. Innerlich bricht man zusammen, ist ausgebrannt, Burnout.

Burnout ist keine »eingebildete« Krankheit. Niemand soll sich einreden lassen, dass er verweichlicht und vom Wohlstand verdorben ist, ein »Warmduscher«, eine Versagerin oder ein nicht genug belastbarer Mensch. Die ständigen gesellschaftlichen Forderungen nach Flexibilität und Mobilität, nach Effizienz und Leistungssteigerung, nach Vitalität und Erfolg können krank machen. Zum äußeren Druck gesellt sich der innere: »Ich muss das noch schaffen, ich darf jetzt nicht versagen, ich kann mir keine Schwäche leisten!« Das Programm läuft ab, ein Perpetuum Mobile: etwas lebt mein Leben, und ich weiß nicht, wo die Bremse ist. Wie aufwachen aus diesem Albtraum?

Erwartungen an Leistung und Präsenz im Beruf haben zugenommen. Mehrbelastungen durch Arbeitsverdichtung sind der Normalfall. Die Sorge um die Arbeitsstelle erfordert die Bereitschaft, über die eigenen Leistungsgrenzen hinauszugehen. Schwächen und Grenzen werden aus Angst vor Konsequenzen nicht offen gezeigt. Eine längere Belastung durch Stress, Unzufriedenheit oder Überlastung am Arbeitsplatz kann krank machen. Zuerst ist es vielleicht nur das Gefühl, mal »etwas« ausgepowert zu sein. Dann reagiert man auf Stress mit Stress. Und treibt sich noch selbst an, um ja nicht »unterzugehen«.

Vom Burnout sind Männer wie Frauen betroffen, wenngleich die Ursachen und Symptome sich zwischen den Geschlechtern deutlich unterscheiden. Aufgrund des noch stark verbreiteten traditionell gewachsenen Rollenmodells, das Männern die Hauptverantwortung für die materielle Absicherung der Familie zuschreibt, fühlen sie sich dem Leistungsdruck des Arbeitslebens oft besonders stark ausgeliefert. Viele Frauen erleben insbesondere die Doppelbelastung durch beruflichen Leistungsdruck und Familienarbeit als zehrend und erschöpfend.

Vorübergehende Erschöpfung wird so zum Dauerzustand. »Ich kann nicht mehr, in bin zu Tode erschöpft! Lasst mich in Ruhe!« Wenn die Mobilisierung aller Ressourcen nicht ausreicht, stellen sich Gefühle des Versagens ein. Ärger und Schuldgefühle – »andere schaffen das doch auch!« – nagen an der Selbstachtung. Dabei war alles einmal ganz anders. Erst hat die Arbeit viel Spaß gemacht. Wenn die privaten und beruflichen Voraussetzungen stimmen, dann fühlt ein Mensch sich leistungsstark. Solche leistungsstarken Phasen sind gut. Freude am Leben und an der Arbeit motiviert zum Handeln. Erfahrungen von Glück, Erfolg und Anerkennung machen stark und selbstbewusst.

Doch gerade diese Phasen einer ungetrübten Schaffenskraft verführen dazu, sich mit großem Elan und unter dem Applaus der Umwelt immer mehr und schließlich zu viel an Arbeit aufzuladen. Es kommt darauf an, das gesunde Gleichgewicht, den Rhythmus zwischen Schaffen und Ruhe nicht zu verlieren bzw. ihn wieder zu gewinnen. Es gilt, die Grenzen der eigenen Kräfte rechtzeitig zu erkennen und aufmerksam für sich und seine eigenen Bedürfnisse zu bleiben. Ein innerlich freier Vielarbeiter kann mit der Arbeit aufhören, wenn es an der Zeit ist.

Susanne Breit-Keßler/Nobert Dennerlein (Hg.), Stay Wild statt Burn Out. Leben im Gleichgewicht, Gütersloh 2009, S. 12–17.

Texterforschung:

1. Skizzieren Sie den Verlauf der Krankheit Burnout.
2. Belegen Sie Ihre Skizze auch mit Zitaten aus dem Song *Bück dich hoch.*
3. Vergleichen Sie die Aussagen über das Arbeitsleben mit Ihren Erfahrungen im Schulleben.
4. Diskutieren Sie, ob sich vor dem Hintergrund Ihrer Erfahrungen Erfolgsorientierung und Aufmerksamkeit für sich selbst und die eigenen Bedürfnisse in Einklang bringen lassen. Was kann Ihrer Ansicht nach entlastend wirken?

Gestaltung:

Schreiben Sie den Song von Deichkind neu, so dass er die Regeln für ein Leben im Gleichgewicht nennt.
☺ Notieren Sie 10 Regeln für einen gesunden Rhythmus von Arbeit und Ruhe.

© pixabay.com/geralt

M 5.1 Die Toten Hosen: *Fallen*

Die Band Die Toten Hosen wurde 1982 in Düsseldorf gegründet. Ihr gehören Andreas Frege (Campino), Michael Breitkopf, Andreas von Holst, Andreas Meurer und Wolfgang Rohde an. Der Song Fallen *wurde 2004 als Beigabe zur Singleauskoppelung* Ich bin die Sehnsucht in dir *aus dem Album* Zurück zum Glück *veröffentlicht.*

Sorglos können wir fliegen,
Bis die Sonne uns're Flügel einfach wegschmilzt.
Dann kommen die Fragen,
Was der Grund ist,
Was uns auf einmal aus den Wolken stürzen lässt.

Doch ich weiß, wenn ich falle,
Jemand hebt mich auf.
Und ich denk' noch,
Während ich falle,
Schön für mich, dass es dich gibt.

Glaube, was heißt schon Glaube?
Welchem Gesetz und welchem wahren Wort vertraust du?
Noch im Sturzflug schämen wir uns,
Dass wir nur beten, wenn es wirklich einmal hart kommt.

Damit wir sicher sind, wenn wir fallen,
Irgendjemand hebt uns auf.
Und wir hoffen, während wir fallen,
Dass uns auch irgendjemand braucht.
Und wir beten drum, wenn wir fallen,
Dass wir nicht alleine sind.

Und ich denke noch,
Während ich falle,
Schön für mich, dass es dich gibt.

Text: Andreas Frege
Musik: Michael Breitkopf

Tipp:
Zur Vertiefung sei von den Toten Hosen der Song *Beten* (Text: Andreas Frege/Musik: Andreas von Holst) vom Album *Zurück zum Glück* aus dem Jahr 2004 empfohlen.

M 5.2 Empfindungen und Bilder

Hören/Lesen:

1. Benennen Sie Ihre Empfindungen beim Hören des Songs mit Hilfe der folgenden Adjektivliste:

Der Song wirkt auf mich					
	sehr	ein wenig	weiß nicht	kaum	gar nicht
ruhig					
langsam					
statisch					
müde					
stockend					
passiv					
heiter					
warm					
weich					
hell					
angenehm					
ansprechend					
schön					
menschlich					
hoffnungsvoll					
leicht					
froh					
religiös					
farbig					
fein					
zusammenhängend					
klar					
lebensbejahend					
friedlich					
inhaltsvoll					
gut					

Nach einer Idee von Thomas Bickelhaupt, Uwe Böhm und Gerd Buschmann; http://www.rpi-loccum.de/material/pelikan/pel3-00/bunom (Zugriff am 2. Februar 2015).

2. Geben Sie diejenigen Stellen des Songtexts wieder, die bei Ihnen starke Empfindungen ausgelöst haben.

Visualisierung:

1. Bilden Sie Gruppen zu je 4–5 Personen.
2. Erzählen Sie einander von den Bildern, die Sie beim Hören des Songs vor sich gesehen haben.
3. Stellen Sie auf einem Plakat Situationen dar, die Sie mit »Fallen« in Verbindung bringen.
4. Arbeiten Sie in Ihrer Darstellung auch heraus, wie das lyrische Ich im Song mit seiner Erfahrung »zu fallen« umgeht.
5. Die erste Strophe des Songs *Fallen* spielt auf den Ikarus-Mythos an. Informieren Sie sich über diesen Mythos und interpretieren Sie Albrecht Dürers »Der Sturz des Ikarus«.
6. Vergleichen Sie Dürers Holzschnitt mit Ihren eigenen Darstellungen.

Albrecht Dürer (1471–1528): Der Sturz des Ikarus, Holzschnitt; © akg-images

Texterforschung:

1. Untersuchen Sie, welche Bedeutung »Glaube« und »beten« für das lyrische Ich hat.
2. Setzen Sie sich mit dem »Du« im Refrain des Songs auseinander: Wer ist gemeint?
3. Nehmen Sie Stellung zur Aussage des Songs: Entspricht sie Ihren eigenen Erfahrungen?

M 5.3 Psalm 42

1 (Für den Chormeister. Ein Weisheitslied der Korachiter.)
2 Wie der Hirsch lechzt nach frischem Wasser,/so
lechzt meine Seele, Gott, nach dir.
3 Meine Seele dürstet nach Gott,/nach dem lebendi-
gen Gott. Wann darf ich kommen/und Gottes Antlitz schauen?
4 Tränen waren mein Brot bei Tag und bei Nacht;/
denn man sagt zu mir den ganzen Tag:/Wo ist nun
dein Gott?
5 Das Herz geht mir über, wenn ich daran denke:/wie
ich zum Haus Gottes zog in festlicher Schar,/mit Jubel
und Dank in feiernder Menge.
6 Meine Seele, warum bist du betrübt/und bist so unruhig in mir? Harre auf Gott; denn ich werde ihm
noch danken,/meinem Gott und Retter, auf den ich
schaue.
7 Betrübt ist meine Seele in mir, darum denke ich
an dich/im Jordanland, am Hermon, am Mizar Berg.
8 Flut ruft der Flut zu beim Tosen deiner Wasser,/all
deine Wellen und Wogen gehen über mich hin.
9 Bei Tag schenke der Herr seine Huld;/ich singe ihm
nachts und flehe zum Gott meines Lebens.
10 Ich sage zu Gott, meinem Fels:/Warum hast du
mich vergessen? Warum muss ich trauernd umher-
gehen,/von meinem Feind bedrängt?
11 Wie ein Stechen in meinen Gliedern/ist für mich
der Hohn der Bedränger; denn sie rufen mir ständig
zu:/Wo ist nun dein Gott?
12 Meine Seele, warum bist du betrübt/und bist so
unruhig in mir? Harre auf Gott; denn ich werde ihm
noch danken,/meinem Gott und Retter, auf den ich
schaue.

Texterforschung:

1. Stellen Sie die Situation dar, in der sich der Psalmbeter befindet.
2. Erläutern Sie seine Gottesbeziehung.
3. Erörtern Sie, was dem Psalmbeter Kraft gibt, seine Situation zu »durchschmerzen«.
4. Vergleichen Sie, wie der Psalmbeter und das lyrische Ich im Song *Fallen* in ihren Situationen agieren.

Informationen:
Korachiter: Nachkommen Korachs, der der Führer des Aufstandes gegen Mose war (vgl. 4. Mose 16,1–2). Die Korachiter dichteten und sangen zur Ehre und zum Lob Gottes Lieder.

M 5.4 »Du kannst nicht tiefer fallen als nur in Gottes Hand«

EG 533

Du kannst nicht tiefer fallen
als nur in Gottes Hand,
die er zum Heil uns allen
barmherzig ausgespannt.

Es münden alle Pfade
durch Schicksal, Schuld und Tod
doch ein in Gottes Gnade
trotz aller unsrer Not.

Wir sind von Gott umgeben
auch hier in Raum und Zeit
und werden in ihm leben
und sein in Ewigkeit.

Text: Arno Pötzsch 1941
Musik: Hans Georg Bertram 1986

Informationen:
Margot Käßmann: geb. 1958 in Marburg, evangelisch-lutherische Theologin, Landesbischöfin der Evangelisch-lutherischen Landeskirche Hannovers (1999–2010) und Ratsvorsitzende der Evangelischen Kirche in Deutschland (EKD) (2009–2010). Im Februar 2010 gab sie nach einer polizeilich festgestellten Autofahrt unter Alkoholeinfluss ihre Ämter als Bischöfin und EKD-Ratsvorsitzende auf.

Aus dem Kirchenliederblog

Der Eingangssatz des Liedes 533 des Evangelischen Gesangbuches ist dadurch sehr bekannt geworden, dass Margot Käßmann wiederholt und insbesondere nach ihrem Rücktritt vom Vorsitz des Rates der EKD betont hat, dass sie darin Trost gefunden habe.

Der Gedanke, dass Gottes Hand Schutz bietet, ist in der Bibel geläufig. Am bekanntesten ist er wohl durch das Wort Jesu am Kreuz geworden: »Vater, ich befehle meinen Geist in deine Hände« (Lukas 23,46; vgl. auch Psalm 31, 6). Doch der Trost, den der Dichter Arno Pötzsch in seine Formulierung legt, ist im Alten Testament noch sehr weit entfernt, wenn es in 2. Samuel 24,14 heißt: »lass uns in die Hand des Herrn fallen, denn seine Barmherzigkeit ist groß; ich will nicht in der Menschen Hand fallen.«

Dabei war 1941, als das Lied entstand, und 1942, als es in den Liederschatz der deutschen evangelischen Gemeinde von Rotterdam aufgenommen wurde, die Gefahr sehr groß, in der Menschen Hand zu fallen. Wurde doch 1942 in der Wannseekonferenz die »Endlösung« beschlossen.

Die Passage in der Bibel, die dem Gedanken des Liedes am nächsten kommt, findet sich in der apokryphen Weisheit Salomos 3,1 »Aber der Gerechten Seelen sind in Gottes Hand, und keine Qual rühret sie an.« Also könnte das Wort nur »Gerechten« als Trost zugesprochen werden.

Und doch mutet der Gedanke als durch Jesu Zeugnis bekräftigt an. So auch der der zweiten Strophe, wonach auch Schuld und Tod in Gottes Gnade aufgehoben werden.

Die dritte Strophe schließlich sieht die Menschen überall und jederzeit »von Gott umgeben«, das Bild der Hand tritt hier zu Gunsten einer allgemeineren Aussage zurück.

http://kirchenliederblog.wordpress.com/2010/09/20/du-kannst-nicht-tiefer-fallen-als-nur-in-gottes-hand
(Zugriff am 19. März 2015)

Texterforschung:

1. Recherchieren Sie, in welcher Situation Arno Pötzsch seinen Liedtext geschrieben hat.
2. Vergleichen Sie die Gottesbeziehungen, die in Psalm 42 und in Pötzsch' Text zum Ausdruck kommen.
3. Tauschen Sie sich darüber aus, ob Ihnen die Textzeile »Du kannst nicht tiefer fallen als nur in Gottes Hand« in bestimmten Situationen Halt geben könnte.

Gestaltung:

Gestalten Sie zwei Standbilder, die Gemeinsamkeiten und Unterschiede zwischen dem Song »Fallen« und dem Psalm/dem Liedtext von Arno Pötzsch deutlich machen. Besprechen Sie anschließend, welches Standbild Ihrer eigenen Lebenswirklichkeit näher kommt.

☺ Entwerfen Sie eine Zeichnung zu den letzten drei Zeilen des Songs »Fallen«: »Und ich denke noch, während ich falle, schön für mich, dass es dich gibt.«

© pixabay.com/Nadyn

M 6.1 Unheilig: *Für immer*

Unheilig wurde 1999 in Aachen gegründet. Die aktuellen Bandmitglieder sind Der Graf, Henning Verlage, Christoph Termühlen und Martin Potthoff. Der Song Für immer *erschien 2010 auf dem Album* Große Freiheit.

Nichts ist für immer
Und für die Ewigkeit

Träumst du davon alles zu riskieren?
Träumst du, ich träume mit
Fühlst du auch wie unsere Zeit verrinnt?
Fühlst du, ich fühle mit
Weinst du auch, wenn deine Welt zerbricht?
Weinst du, ich weine mit
Brauchst du mich, wenn du am Abgrund stehst?
Springst du, ich halte dich

Nichts ist für immer
Und für die Ewigkeit
Ich halte dich
Nichts ist für immer
Nur der Moment zählt ganz allein

Glaubst du daran, dass wir uns wiedersehen?
Glaubst du, ich glaube mit
Kämpfst du noch, wenn du am Boden liegst?
Kämpfst du, ich kämpfe mit
Hast du Angst alles zu verlieren?
Hasst du, ich hasse mit
Brauchst du mich, wenn du nach unten siehst?
Springst du, ich springe mit

Nichts ist für immer
Und für die Ewigkeit
Ich springe mit
Nichts ist für immer
Nur der Moment zählt ganz allein

Nichts ist für immer …

Brauchst du mich bei deinem letzten Schritt?
Ich springe mit, ich springe mit …

Brauchst du mich, für deinen letzten Schritt?
Nichts ist für immer …

Brauchst du mich bei deinem letzten Schritt?
Ich halte dich

Text: Bernd Heinrich Graf
Musik: Bernd Heinrich Graf, Henning Verlage

Hören/Lesen:

1. Sammeln Sie auf einer Folie Wörter/Textzeilen, die Ihnen nach dem Hören des Songs im Gedächtnis geblieben sind.
2. Formulieren Sie das Thema, das der Song behandelt.

Visualisierung:

1. Ordnen Sie die folgende Grafik einem Wort/einer Textzeile auf Ihrer Folie zu.

2. Lesen Sie den Songtext nochmal und entwerfen Sie zu weiteren Textzeilen, die Sie wichtig finden, ähnliche Grafiken.
3. Zeigen Sie Ihren Mitschülerinnen und Mitschülern Ihre Grafiken. Sie sollen herausfinden, welche Textzeile Sie dargestellt haben.

M 6.2 Die Spannung zwischen Erfüllung und Endlichkeit

Cassandra Steen: ***Darum leben wir***

[…] Nichts geschieht ein zweites Mal, das kann nicht sein, alles ist nur einmal da, auch wenn es nicht so scheint. Und ich sag zu dem Moment, geh nicht vorbei, bleib noch! Du bist viel zu schön.

Und darum leben wir, leben um da zu sein, leben um wahr zu sein. Und darum leben wir, und wir nehmen alles mit, jeden Schmerz und alles mit der Welt.

Jede Nacht bricht der erste Tag vom Rest unseres Lebens an, jeden Morgen springen wir direkt auf die Umlaufbahn, wenn nicht heute jetzt und hier, wann und wo denn dann, keiner kann die Zukunft sehn, kennt den großen Plan […]

Cassandra Steen betont in ihrem Song die Originalität des Lebens, die Unwiederholbarkeit: *alles ist nur einmal da.* Der Moment ist es, der dem Leben Sinn gibt, nicht das Verfolgen langfristiger Ziele: *keiner kennt den großen Plan.* Der Moment entbirgt sich in seiner Erhabenheit als erfüllte Zeit: *viel zu schön,* aber auch als unverfügbar *(bleib noch!)* in seiner Vergänglichkeit, die auch für das Leben als Ganzes gilt: *jede Nacht bricht der erste Tag vom Rest unseres Lebens an.* So bleibt das Lied in einer Spannung zwischen Erfüllung und Endlichkeit. Im Gegensatz zur christlichen Lebensdeutung bleibt diese Spannung unaufgelöst […]

Bei der deutschen Synthie-Rock-Band Unheilig mit ihrem an die Gothic-Szenen-Ästhetik erinnernden Auftritt und dem Leadsänger »Der Graf« wird gar der eine (!) Augenblick, in dem sich das Leben als wertvoll erweist, als sinnstiftend für das gesamte Leben gedeutet:

Unheilig: ***Geboren um zu leben***

Wir war'n geboren um zu leben, mit den Wundern jener Zeit, sich niemals zu vergessen bis in alle Ewigkeit.

Wir war'n geboren um zu leben, für den einen Augenblick, bei dem jeder von uns spürte, wie wertvoll Leben ist.

Noch deutlicher in dem Lied *Für Immer: nur der Moment zählt ganz allein!,* heißt es dort, *Nichts ist für immer und für die Ewigkeit.* In der Spannung zwischen Titel und Text wird die unauflösbare, paradoxe Spannung des Lebensgefühls spürbar: Im Titel des Liedes *Für Immer* deutet sich an, das Große, das Bestehende, das Wahre gefunden zu haben. Der Text negiert genau dies: *nichts ist für immer!*

Christian Heckmann, »Kurzgeschichtenmäßig« – Jugendpastorale Reflexionen zur fragilen Identität, in: Wege zum Menschen 64, 1E, 2012, S. 41 f.

Cassandra Steen: *Darum leben wir.* Text: Heike Kospach; Musik: Adel El Tawil, Flo Fischer, Sebastian Kirchner

Unheilig: *Geboren um zu leben.* Text: Bernd Heinrich Graf; Musik: Bernd Heinrich Graf/Henning Verlage

Texterforschung:

1. Hören Sie zum Vergleich *Darum leben* wir von Cassandra Steen (vom gleichnamigen, 2009 erschienen Album) und *Geboren um zu leben* von Unheilig (vom Album *Große Freiheit*). Notieren Sie Songzeilen, die Gleiches aussagen wie der Refrain von *Für immer* [Nichts ist für immer/Und für die Ewigkeit/Ich halte dich/Nichts ist für immer/Nur der Moment zählt ganz allein].
2. Formulieren Sie mit eigenen Worten, wie in den Songs das Verhältnis von Zeit und Ewigkeit beschrieben wird.
3. Vergleichen Sie Ihre Ergebnisse mit der Analyse des katholischen Theologen Christian Heckmann.
4. Stellen Sie dar, was Christian Heckmann mit der »Spannung zwischen Erfüllung und Endlichkeit« (Z. 22 f) bzw. der »paradoxen Spannung des Lebensgefühls« (Z. 39 f) meint.
5. Setzen Sie sich mit den Aussagen der Songtexte auseinander. Entsprechen sie Ihrer Wirklichkeitserfahrung?

M 6.3 Die Ewigkeit in des Menschen Herz gelegt

Pred 3,1-15

1 Ein jegliches hat seine Zeit, und alles Vorhaben unter
dem Himmel hat seine Stunde:
2 geboren werden hat seine Zeit, sterben hat seine
Zeit; pflanzen hat seine Zeit, ausreißen, was gepflanzt
ist, hat seine Zeit;
3 töten hat seine Zeit, heilen hat seine Zeit; abbrechen
hat seine Zeit, bauen hat seine Zeit;
4 weinen hat seine Zeit, lachen hat seine Zeit; klagen
hat seine Zeit, tanzen hat seine Zeit;
5 Steine wegwerfen hat seine Zeit, Steine sammeln hat
seine Zeit; herzen hat seine Zeit, aufhören zu herzen
hat seine Zeit;
6 suchen hat seine Zeit, verlieren hat seine Zeit; behal-
ten hat seine Zeit, wegwerfen hat seine Zeit;
7 zerreißen hat seine Zeit, zunähen hat seine Zeit;
schweigen hat seine Zeit, reden hat seine Zeit;
8 lieben hat seine Zeit, hassen hat seine Zeit; Streit hat
seine Zeit, Friede hat seine Zeit.
9 Man mühe sich ab, wie man will, so hat man keinen
Gewinn davon.
10 Ich sah die Arbeit, die Gott den Menschen gegeben
hat, dass sie sich damit plagen.
11 Er hat alles schön gemacht zu seiner Zeit, auch hat
er die Ewigkeit in ihr Herz gelegt; nur dass der Mensch
nicht ergründen kann das Werk, das Gott tut, weder
Anfang noch Ende.
12 Da merkte ich, dass es nichts Besseres dabei gibt
als fröhlich sein und sich gütlich tun in seinem Leben.
13 Denn ein Mensch, der da isst und trinkt und hat
guten Mut bei all seinem Mühen, das ist eine Gabe
Gottes.
14 Ich merkte, dass alles, was Gott tut, das besteht für
ewig; man kann nichts dazutun noch wegtun. Das alles
tut Gott, dass man sich vor ihm fürchten soll.
15 Was geschieht, das ist schon längst gewesen, und
was sein wird, ist auch schon längst gewesen; und Gott
holt wieder hervor, was vergangen ist.

Texterforschung:

1. Fassen Sie die Aussagen des Predigers Salomo zu »Zeit« und zu »Ewigkeit« zusammen.
2. Untersuchen Sie, ob »Ewigkeit« in V. 11 zeitlich zu interpretieren ist. Was bedeutet: Gott hat die Ewigkeit in des Menschen Herz gelegt?
3. Entwickeln Sie die Perspektiven weiter, die sich dem Prediger Salomo in V. 12–14 zeigen: Wie können Menschen leben, die an eine nie endende Beziehung Gottes mit ihnen glauben?
4. Formulieren Sie eine Erwiderung auf den Song *Für immer* aus der Sicht des Predigers.

M 6.4 Glücksmomente als Ewigkeitserfahrungen?

Geschichte 1

Freitag ist immer gleich. Da freuen sie sich donnerstags immer schon drauf. Freitag ist Wochenmarkt. Sie frühstücken um ½ 9 – sie lassen sich Zeit und um ½ 11 gehen sie los. Er geht zuerst, weil er den Wagen aus der Garage holt. Freitags ist die Stadt um den Markt herum immer voll; um 11 bekommt man keinen Parkplatz mehr. Sie haben ein Geheimnis, das erzählen sie niemandem. Hinter dem Rathaus ist immer ein Parkplatz frei. »Nur für Besucher des Bürgeramtes« steht da. Es ist ein bisschen verboten, was sie tun, ein bisschen Nervenkitzel.

Freitags gibt es Rotbarsch. Der Fischmann ist alt geworden in den Jahren. Er kennt sie gut, sie reden etwas, die Schlange hinter ihnen ist lang. Sie gehen bei der Käsefrau vorbei zu den Blumen. Da nimmt sie immer einen Strauß mit für das Wochenende. »Wer kann sich das auf dem Markt bloß alles leisten?«, fragen sie sich freitags immer, beim Abschlusscappuccino im Eiscafé.

Freitag ist immer gleich. Da machen sie sauber, er saugt, sie wischt hier und da, stellt die Blumen hin. Der Rotbarsch und abends Fernsehen, der Krimi und ein Stück Talkshow.

Heute haben sie viel gelacht, sie mag seinen trockenen Humor; er findet, sie sah schick aus heute auf dem Markt. Dann sind sie müde. Er schläft gleich ein. Sie noch nicht. Sie schaut ihn nochmal an, und sie lächelt dabei: »51 Jahre bist du jetzt schon mein Mann …« Und dann wünscht sie sich, dass dieser Moment noch einen Moment länger bleibt: »Noch nicht einschlafen, noch eine Minute, noch ein paar Sekunden …«

Geschichte 2

Keinen Tag hasste er mehr als diesen: Bundesjugendspiele an der Schule. Drei Tage vorher war ihm schon schlecht, wenn er daran dachte. Laufen, werfen, springen – konnte er alles nicht, er war zu dick. Letztes Jahr hatten fast alle aus seiner Klasse eine Urkunde, die Helden natürlich ihre Ehrenurkunde. Er nicht, in allen drei Disziplinen zu langsam, zu kurz.

Wochenlang hatten sie in den Sportstunden trainiert, gemischt, Mädchen und Jungen zusammen. Er hatte lernen müssen, was das Wort »Demütigung« bedeutet. »Lauf, du dicker Knödel!«, brüllte ihm sein Sportlehrer hinterher.

Vier starteten immer gemeinsam, er war immer Vierter. Dabei konnte er die Lebensweisheiten der Sportprofis im Fernsehen alle auswendig: »Mund abputzen und weiter!«, »Weiter, einfach immer weiter!«, »Nach dem Spiel ist vor dem Spiel!«

Das Leben kennt keine Gnade. Es war soweit. Der Tag der Helden brach an. Er wünschte sich, da möglichst unauffällig durchzukommen – und dann schnell wieder weg. Also lief er, weil er musste: Er wurde Vierter. Er sprang: Bei zwei von drei Versuchen traf er den Balken, immerhin. Und er warf: Irgendwie, was tat ihm der Arm weh beim dritten Wurf. Aber dann war er durch, nahm seine Tasche, setzte sich auf die Wiese – in sicherem Abstand vom Geschehen.

Da saß er, etwa eine Stunde, und hörte den Jubel von Weitem. Sein Sportlehrer ging irgendwann an ihm vorbei und im Vorbeigehen warf er ihm den einen Satz hin: »Hey, du wirst vermisst da hinten, bei der Siegerehrung.« Es war ihm klar, jetzt wollte er ihn restlos fertigmachen. Die Helden brauchten ihn als Verlierer; Helden brauchen Publikum.

Er schlich zur Siegerehrung. Der Schüler aus der Zehnten, der die Urkunden verteilte, sagte: »Willst du deine Urkunde nicht haben?« Und dann gab er ihm dieses Blatt Papier. Da stand »Siegerurkunde« drauf – und sein Name. Er starrte auf seinen Namen, sekundenlang, und dann wusste er: In diesem Moment hatte er alles gewonnen: Olympia, die Weltmeisterschaft, den ganz großen Preis.

Geschichte 3

Zwei Sekunden brauchte der Chefarzt, um den einen Satz zu sagen. Sie saßen beide vor seinem Schreibtisch, vor dem schon so viele gesessen hatten; er konnte seine Frau da nicht allein hingehen lassen, er konnte nicht im Auto auf dem Parkplatz warten, nicht vor der Tür. Station 22 – die Zahl wird er nie vergessen, auch nicht den Chefarzt, der – so liebevoll, wie er nur konnte –, diesen einen Satz sagte: »Es sieht nicht so gut aus.« Zwei Sekunden – und nichts war mehr wie vorher.

Oft fuhren sie nun zu dem See, an dem sie sich vor vielen Jahren stundenlang verliebt in die Augen geschaut hatten. Da saßen sie auf der Bank wie damals und guckten, wie die Sonne unterging. Manche sagen, an diesem See sieht der Sonnenuntergang aus wie auf Capri. Wenn die Sonne untergeht, haben Verliebte die Nacht vor sich. Eine Ewigkeit voller Glück – möge niemals der Morgen kommen.

Bei ihnen war es anders, die untergehende Sonne war wie eine Sanduhr – das letzte Sandkorn sollte niemals fallen. Es fiel, immer wieder: »Leben ist gnadenlos« – da waren sie sich inzwischen sicher. Sie fuhren nach Hause, jedes Mal, und dachten – ohne es zu sagen –: »Wie lange noch?«

In einer Nacht, er schlief tief und fest, weckte sie ihn und sagte: »Komm, lass uns zum See fahren.« »Jetzt?«, fragte er, mitten in seiner Tiefschlafphase erwischt. »Ja!«, sagte sie und ließ keinen Zweifel aufkommen, »ich will sehen, wie die Sonne aufgeht.« Sie fuhren los, mitten im Dunkeln, an die gegenüberliegende Seite des Sees. Da saßen sie auf der Bank und schauten – und guckten sich ziemlich tief in die Augen, und die Sonne ging auf. Und dann waren sie frühstücken in einem Café – und sie waren so glücklich wie lange nicht.

Klaus Grünwaldt/Matthias Günther, Für die, die sonst nicht kommen. 10 Mitmachgottesdienste, Dienst am Wort 138, Göttingen 2011, S. 80 f., 111–113.

Texterforschung:

1. Beschreiben Sie, worin jeweils für die Protagonisten der Glücksmoment besteht.
2. Vergleichen Sie die Glücksmomente der Protagonisten mit den Momenten, die der Song *Für immer* nennt.
3. Diskutieren Sie, ob die Protagonisten der Kurzgeschichten ihre Erfahrungen als Ewigkeitserfahrungen deuten könnten.

Gestaltung:

Schreiben Sie eine eigene Glücksmoment-Geschichte.

☺ Stellen Sie eine der drei Kurzgeschichten pantomimisch dar. Überlegen Sie, wie die Hauptperson Zeit erlebt. Achten Sie bei Ihrer Darstellung auf Ihre Körperhaltung, Gestik und Mimik.

M 7.1 Bushido: *Dieser eine Wunsch*

Bushido wurde als Anis Mohamed Youssef Ferchichi 1978 in Bonn geboren. Der Song Dieser eine Wunsch *erschien 2007 auf dem Album 7. Hintergrund des Textes ist der gewaltsame Tod des Berliner Rappers Attila Murat Aydin am 13. Juni 2003.*

Bruder, das hier wird mein letzter Brief,
Du weißt, ich schrieb ihn nur für dich,
Und du liest in jeder Zeile, wie's mich trifft.
Nichts ist für die Ewigkeit,
Und trotzdem bin ich mich am Fragen,
Warum Gott dich schon so früh aus meinem Leben reißt.
Tausend Fragen, die mich wirklich jeden Tag quälen,
Vorwürfe, die mir jede Nacht den Schlaf nehmen.
Ich schwör', ich kann nicht mehr,
Mann, und ich hoffe, du verstehst, was ich fühl',
Bitte trockne meine Tränen!
Ich schrei' vom Herzen, Mann,
Und dein Foto steht direkt neben dem Bett.
Ich zünd' jede Nacht ,ne Kerze an.
Ich war nie der Typ,
Der jeden Tag Gebete spricht,
Doch das ändert sich,
Wenn du merkst, wie kurz das Leben ist.
Ich schwör' dir,
Ich kann immer noch dein Lachen hören.
Damals hab ich oft gesagt, dass mich deine Grimassen stören.
Ich bin so gefickt, verdammt,
Ich vermiss dich, Mann,
Streif an deinem Foto mit dem Gesicht entlang.

Wenn Gott mir doch nur diesen Wunsch erfüllen könnte,
Dich noch einmal zu sehen.
Kannst du meine Tränen sehen?
Mann, wir sind am Ende.
Wie gern würd' ich dich nochmal in den Arm nehmen,
Ich schaff' es nicht, wie soll ich vor dem Grab stehen?
Wenn Gott mir diesen einen Wunsch erfüllen könnte,
Dich nur noch einmal zu sehen.
Kannst du meine Tränen sehen?
Wie ich gerade kämpfe?
Wie gern würd' ich dich nochmal in den Arm nehmen,
Ich schaff' es nicht, ich will dich nicht im Sarg sehen.

Deine Beerdigung,
Der schlimmste Tag in meinem ganzen Leben.

Überall standen die Kerzen rum, und deine Mutter,
Sie hat mir so leid getan.
Dein Vater nahm sie in den Arm.
Und deine kleine Schwester, sie hat's noch nicht gerafft,
Doch dafür dein großer Bruder, sein Gesicht war blass.
Da waren so viele Leute, die ich noch nicht kannte.
Mann, ich meine, deine Tanten, Verwandten,
Deine Bekannten kamen.
Merkst du, wie du uns fehlst, sag mir: spürst du diese Trauer?
Kannst du sehen, wie sich unsre Jungs quälen?
Und glaub mir, wir sind gar nicht mehr so unterwegs,
Uns ist die Lust vergangen, abends rumzustehen.
Kein Tag vergeht, an dem wir nicht an dich denken,
Ich hab' meinen Freund verloren und keinen Mitmenschen.
Ich bin so gefickt, verdammt, ich vermiss' dich, Mann.
Ich hoff' nur, dass du uns von oben sehen kannst.

[Refrain]

Ich wache schweißgebadet auf,
Schweißgebadet, ja schon wieder dieser Traum:
Wir sitzen beide auf der Couch, du hast mich zufrieden angeschaut,
Danach liefen wir dann raus,
Spazieren gehen, doch der ganze Strand war grau.
Die Sonne konnte man nicht sehen, weil sie zu dunkel war.
Du hast so oft gefragt: Standen unsre Jungs am Sarg?
Weiße Blumen und der Himmel war türkis gefärbt,
Vielleicht war ich gar nicht weit vom Paradies entfernt.
Ich wollte wirklich so viel sagen, doch ich konnt' es nicht.
Deshalb schreib' ich diesen einen Song für dich.
Kannst du mich denn hören?
Konntest du mich hören, als ich am Grab stand?
Konntest du mich hören durch die Glaswand?
Ich schwör', ich bin von dir nicht weggegangen,
Nein, du warst nicht allein!
Du hast geguckt wie ein Engel, dein Gesicht war frei,
Frei von Sorgen, frei von den Schmerzen.
Wir vermissen dich so sehr, es wird, wird zu viel.

[Refrain]

Text: Bushido
Musik: Blanco

Hören/Lesen:

1. Skizzieren Sie die drei Szenen, mit denen Bushido seine Trauer beschreibt.
2. Benennen Sie die religiösen Motive und Fragestellungen, die den drei Szenen zugeordnet sind.

Visualisierung:

Wählen Sie ein für Sie eindrückliches Sprachbild aus und stellen Sie es grafisch dar.

Texterforschung:

1. Bushido sagt: »Ich war nie der Typ, der jeden Tag Gebete spricht, doch das ändert sich, wenn du merkst, wie kurz das Leben ist.« Formulieren Sie diesen Gedanken mit eigenen Worten. Beurteilen Sie Bushidos Sicht von Religiosität: Hat er recht?
2. Arbeiten Sie heraus, welchen Wunsch/welche Wünsche Bushido in seiner Trauer hat. Was kann er tun?
3. Entfalten Sie, in welchem Verhältnis Klage und Bitte im Songtext stehen.

Tipp:

Zu den Themen Beerdigung/Friedhof/Friedhofsbesuch sei der Song *Nur zu Besuch* vom Album *Auswärtsspiel* von den Toten Hosen (2002; Text: Andreas Frege/Musik: Andreas von Holst) empfohlen. Campino schrieb den Text im Gedenken an seine verstorbene Mutter.

M 7.2 Psalm 22

1 (Für den Chormeister. Nach der Weise »Hinde der Morgenröte«. Ein Psalm Davids.)

2 Mein Gott, mein Gott, [wozu] hast du mich verlassen,/bist fern meinem Schreien, den Worten meiner Klage?

3 Mein Gott, ich rufe bei Tag, doch du gibst keine Antwort;/ich rufe bei Nacht und finde doch keine Ruhe.

4 Aber du bist heilig,/du thronst über dem Lobpreis Israels.

5 Dir haben unsre Väter vertraut,/sie haben vertraut und du hast sie gerettet.

6 Zu dir riefen sie und wurden befreit,/dir vertrauten sie und wurden nicht zuschanden.

7 Ich aber bin ein Wurm und kein Mensch,/der Leute Spott, vom Volk verachtet.

8 Alle, die mich sehen, verlachen mich,/verziehen die Lippen, schütteln den Kopf:

9 »Er wälze die Last auf den Herrn,/der soll ihn befreien! Der reiße ihn heraus,/wenn er an ihm Gefallen hat.«

10 Du bist es, der mich aus dem Schoß meiner Mutter zog,/mich barg an der Brust der Mutter.

11 Von Geburt an bin ich geworfen auf dich,/vom Mutterleib an bist du mein Gott.

12 Sei mir nicht fern, denn die Not ist nahe/und niemand ist da, der hilft [...]

Die Bibel. Einheitsübersetzung in neuer Rechtschreibung,

(Änderung in eckigen Klammern)

Texterforschung:

1. Arbeiten Sie heraus, welchen Wunsch/welche Wünsche der Psalmbeter in seiner Not hat. Was kann er tun?
2. Untersuchen Sie, in welchem Verhältnis Klage und Bitte hier stehen.
3. Vergleichen Sie Ihr Ergebnis mit jenem zu Bushidos Songtext.

M 7.3 Wenn Jugendliche trauern

Der evangelische Schulpastor Peter Noß-Kolbe beschreibt an einem Beispiel eine Erfahrung, die er aus Gesprächen mit trauernden Jugendlichen gewonnen hat:

Wenn ich als Seelsorger kurz vor einem Gespräch mit einem trauernden jungen Menschen stehe, bin ich unsicher, was ich sagen soll. Also eröffne ich das Gespräch mit Schweigen, versuche, ihm das erste Wort zu lassen und warte. Das kann dauern. Ich schweige, und der junge Mensch schweigt auch.

Dann lösen sich die Wörter, irgendwann. Aber alles bleibt angespannt und anstrengend für mich. Die Worte fließen nicht. Ich erlebe trauernde junge Menschen als sprachlos, selbst wenn sie ein paar Wörter herausbringen. Ich hoffe, in dieser Sprachlosigkeit schafft das Schweigen Vertrauen. Aber kann ich das aushalten? Menge ich nicht zu schnell meine Wörter dazu? Mein unsagbarer Wunsch ist, dass wir im Schweigen Einvernehmen herstellen. Worüber? Dass wir über das reden, was dem jungen Menschen wichtig ist und dass ich wenig weiß, obwohl ich so viel älter bin.

Ein Beispiel. Anna ist seit einigen Tagen nicht zur Schule gegangen. Ihre Mutter war auf dem Weg zur Arbeit tödlich verunglückt. Mit Anna möchte ich darüber sprechen, wie ihr Weg zurück in die Schule nach einer angemessenen Zeit gelingen kann.

Ich beginne das Gespräch, wie ich es beschrieben habe. Ich schaffe es, das Schweigen mit ihr auszuhalten, und irgendwann findet sie ein paar Worte. Nach einer Weile frage ich, wie es sein soll, wenn sie wieder in die Schule gehen wird. Ihre Erwartung ist: »so normal wie möglich«. Ich versuche heraus zu finden, was das ist. Anna kann es sehr genau beschreiben. Sie möchte, dass ihre Freundinnen sie in den Arm nehmen, mit ihr weinen, wenn sie traurig ist, und mit ihr lachen, wenn sie Spaß hat. Da ist für mich viel zu sehen von »so normal wie möglich« in einer Situation, in der sich fast alles verändert hat.

Von den Lehrern und Lehrerinnen erwartet Anna keine Bevorzugung und keine Sonderrolle. Am wichtigsten ist ihr, dass Schülerinnen und Schüler, die sich an der Schule dominant verhalten, Begegnungen mit ihr nicht mit ihrer Situation verkoppeln. Es täte ihr weh, wenn einer sagte: »Ach, komm, lass die, die hat doch keine Mutter mehr«. Wir spielen gemeinsam ihre Handlungsoptionen in solch einer Situation durch.

Normal behandelt zu werden, bedeutet für Anna wohl ein Doppeltes: nicht geschont zu werden und zugleich selbst entscheiden zu können, mit wem sie die besondere Situation ihrer Trauer teilt.

Der Wunsch nach Normalität ist für das indirekt betroffene Beziehungssystem Schule eine Herausforderung. Die Unsicherheit der trauernden jungen Menschen, was sie erwartet, wenn sie in die Schule zurückkehren, ist genauso auf der Seite der Mitglieder dieses Beziehungssystems zu finden. Es gibt das natürliche Gefühl, zu schützen oder zumindest behutsam mit dem Trauernden umzugehen. Müssen wir Rücksicht nehmen? Dürfen wir das ansprechen? Was machen wir, wenn er oder sie traurig irgendwo für sich steht? Was tun wir, wenn die Leistungen sich verändern? So normal wie möglich zu sein, hat das Ziel, Begegnungen und Gespräche von trauernden jungen Menschen mit ihren Freunden, Mitschülerinnen und Mitschülern und mit ihren Lehrkräften zu erleichtern. Dabei heißt normal weder, dass ein trauernder Jugendlicher besonders geschont, noch dass sein Verlust ignoriert werden soll. Normal bedeutet aus der Perspektive des Trauernden: Ich bin immer noch der, den du kennst, und wenn du mich traurig oder einfach anders als sonst erlebst, dann ist das auch normal. Und du kannst dich dazu so verhalten, wie es dir entspricht.

In: Matthias Günther, Der Tod ist eine Tür. Seelsorge mit trauernden jungen Menschen, Göttingen 2013, S. 61–63 (gekürzt und leicht überarbeitet).

Texterforschung:

1. Stellen Sie dar, welche Erfahrung Peter Noß-Kolbe in seinem Gespräch mit der trauernden Jugendlichen gemacht hat.
2. Erläutern Sie, was die Jugendliche mit »so normal wie möglich« meint.
3. Tauschen Sie sich darüber aus, wie leicht/schwer es ist, einer trauernden Mitschülerin/einem trauernden Mitschüler »normal« zu begegnen.
4. Schauen Sie noch einmal auf den Bushido-Song: An welchen Stellen würde es Ihnen leichter/schwerer fallen, mit dem Trauernden ins Gespräch zu kommen?

Gestaltung:

1. Beschreiben Sie das Bild (Mimik, Körperhaltung, Bildhintergrund).

© www.digitalstock.de/M. Benik

2. Versuchen Sie, sich in die Gefühle und Gedanken der jungen Frau zu versetzen. Was könnte(n) ihr Wunsch/ihre Wünsche in diesem Moment sein?
3. Gestalten Sie in Partnerarbeit eine kurze Begegnungsszene.
4. Tauschen Sie sich über Ihre Empfindungen beim Spiel/beim Zuschauen aus.

M 7.4 »Wenn Gott mir doch nur diesen Wunsch erfüllen könnte …«

Gestaltung:

Am Ende des Kirchenjahres wird in Gottesdiensten der Verstorbenen des Jahres gedacht. Die Lieder (*Wachet auf, ruft uns die Stimme* von 1599 oder *Warum sollt ich mich denn grämen* von 1653) und die Lesungen (z. B. aus den Evangelien: Mt 25,1–13 oder Joh 5,24–29) sind für viele Menschen schwer verständlich. Gestalten Sie für Ihre Schule einen Gottesdienst, in dem die Schüler- und Lehrerschaft die Gelegenheit hat, ihrer gegenwärtigen Trauer über einen zurückliegenden Verlust leiblich und sinnlich nachzuspüren. Binden Sie dabei den Bushido-Song liturgisch ein (als Thema und z. B. in Anspielen, Aktionen, in der Ansprache):

Eingang	Vorspiel, Anmoderation Gebet Lied
Mitte	Anspiele (z. B. kurze pantomimisch dargestellte Szenen) oder eine Lesung Lied Aktionen an verschiedenen Stationen Lied Ansprache Lied
Ausgang	Gebet Vaterunser Lied Segen und Liedstrophe zum Abschluss

☺ Beispiele für Stationen:

1. Station: Tränen

Die Gottesdienstbesucher/innen finden auf einem dunkelblauen Tuch eine Glasschale mit Wasser. Kleine ovale Glastropfen liegen um die Schale herum. Diese Glastränen können sie in das Wasser legen (vgl. Sirach 7,34: »Trauere mit den Trauernden«, Röm 12,15: »Weint mit den Weinenden«).

2. Station: Erinnerungen

Auf bunte Tonkartonquadrate schreiben die Gottesdienstbesucher/innen eine Erinnerung an die gemeinsame Zeit mit der verstorbenen Person. In einem Rahmen auf dem Boden legen sie mit den Quadraten ein Mosaik der Erinnerungen.

3. Station: Wünsche

Die Gottesdienstbesucher/innen schreiben auf lange bunte Bänder, welche Wünsche sie für sich selbst haben, worauf sie hoffen. Sie bringen die Bänder zu einem Mitarbeiter, der sie in die Äste eines Baumes vor der Kirche hängt.

4. Station: Wegbegleiter

Kleine Naturholzscheiben liegen bereit. Die Gottesdienstbesucher/innen können sie mit Allesfarben und Pinseln farbig gestalten. Sie können auf der einen Seite der Holzscheibe ihre gegenwärtige Trauer mit einer Farbe darstellen, auf der anderen Seite das Gefühl, das sie sich für die Zukunft wünschen. Die Holzscheiben haben ein Loch und können an Baumwollbändern als Anhänger getragen werden.

Matthias Günther, Der Tod ist eine Tür. Seelsorge mit trauernden jungen Menschen, Göttingen 2013, S. 134–136.

M 8.1 Herbert Grönemeyer: *Stück vom Himmel*

Herbert Grönemeyer wurde 1956 in Göttingen geboren. Der Song Stück vom Himmel *wurde 2007 auf dem Album* 12 *veröffentlicht.*

Warum in seinem Namen
Wir heißen selber auch
Wann stehen wir für unsere Dramen
Er wird viel zu oft gebraucht
Alles unendlich, unendlich

Welche Armee ist heilig
Du glaubst nicht besser als ich
Die Bibel ist nicht zum einigeln
Die Erde ist unsere Pflicht
Sie ist freundlich, freundlich
Wir eher nicht

Ein Stück vom Himmel
Ein Platz von Gott
Ein Stuhl im Orbit
Wir sitzen alle in einem Boot
Hier ist dein Haus
Hier ist, was zählt
Du bist überdacht
Von einer grandiosen Welt

Religionen sind zu schonen
Sie sind für Moral gemacht
Da ist nicht eine hehre Lehre
Kein Gott hat klüger gedacht
Ist im Vorteil, im Vorteil

Welches Ideal heiligt die Mittel
Wer löscht jetzt den Brand
Legionen von Kreuzrittern
Haben sich blindwütig verrannt
Alles unendlich, warum unendlich
Krude Zeit

Ein Stück vom Himmel
Ein Platz von Gott
Ein Stuhl im Orbit
Wir sitzen alle in einem Boot

Hier ist dein Heim
Dies ist dein Ziel
Du bist ein Unikat
Das sein eigenes Orakel spielt
Es wird zu viel geglaubt
Zu wenig erzählt
Es sind Geschichten
Sie einen diese Welt

Nöte, Legenden
Schicksale, Leben und Tod
Glückliche Enden
Lust und Trost

Ein Stück vom Himmel
Der Platz von Gott
Es gibt Milliarden Farben
Und jede ist ein eigenes Rot
Dies ist dein Heim
Dies unsere Zeit
Wir machen vieles richtig
Doch wir machen's uns nicht leicht
Dies ist mein Haus
Dies ist mein Ziel
Wer nichts beweist
Der beweist schon verdammt viel

Es gibt keinen Feind
Es gibt keinen Sieg
Nichts gehört niemand alleine
Keiner hat sein Leben verdient
Es gibt genug für alle
Es gibt viel schnelles Geld
Wir haben raue Mengen
Und wir teilen diese Welt
Und wir stehen in der Pflicht

Die Erde ist freundlich
Warum wir eigentlich nicht
Sie ist freundlich
Warum wir eigentlich nicht

Text/Musik: Herbert Grönemeyer

Hören/Lesen:
Der Songtext enthält eine Fülle von Behauptungen. Markieren Sie diejenigen, die Sie spontan bejahen, mit einem Ausrufezeichen und diejenigen, bei denen Sie Zweifel haben oder die Sie spontan verneinen, mit einem Fragezeichen.

M 8.2 Die »Gretchenfrage«

Visualisierung:
Stellen Sie Herbert Grönemeyers Antwort auf die »Gretchenfrage«: »Nun sag, wie hast du's mit der Religion?« grafisch dar.

Texterforschung:
1. Setzen Sie sich mit der im Songtext geäußerten Religionskritik auseinander. Unterscheiden Sie dabei zwischen toleranten und indifferenten [alles ist in gleichem Maße gültig] sowie zwischen fundamentalistischen und aufgeklärten Formen von Religion.
2. Die 16-jährige Sina antwortet auf die »Gretchenfrage«: »Mein persönlicher Ansatz ist, es gibt nicht eine Religion, sondern jeder muss halt das Stück Religion, was persönlich zu einem passt, ein bisschen raussuchen.« (Ein Originalzitat aus den Jugendstudien des Trierer Soziologen Waldemar Vogelgesang; www.waldemar-vogelgesang.de/LUX-Jugendreligion.ppp, Folie 13). Setzen Sie sich mit Sinas Antwort auseinander. Was möchten Sie ihr sagen?

Informationen:
Als »Gretchenfrage« wird die folgende Frage, die die junge Margarete dem Gelehrten Dr. Heinrich Faust stellt, bezeichnet:
Margarete: Nun sag, wie hast du's mit der Religion? Du bist ein herzlich guter Mann, Allein, ich glaub, du hältst nicht viel davon.
Faust: Laß das, mein Kind! Du fühlst, ich bin dir gut; Für meine Lieben ließ' ich Leib und Blut, will niemand sein Gefühl und seine Kirche rauben.
Margarete: Das ist nicht recht, man muß dran glauben!
Faust: Muß man?

Johann Wolfgang Goethe, Faust. Der Tragödie erster Teil, WA 14, 1899, Vers 3415

M 8.3 »... nicht mehr Juden und Griechen«

Gal 3,26–4,7

26 Ihr seid alle durch den Glauben Söhne Gottes in Christus Jesus. 27 Denn ihr alle, die ihr auf Christus getauft seid, habt Christus (als Gewand) angelegt. 28 Es gibt nicht mehr Juden und Griechen, nicht Sklaven und Freie, nicht Mann und Frau; denn ihr alle seid »einer« in Christus Jesus. 29 Wenn ihr aber zu Christus gehört, dann seid ihr Abrahams Nachkommen, Erben kraft der Verheißung. 4,1 Ich will damit sagen: Solange der Erbe unmündig ist, unterscheidet er sich in keiner Hinsicht von einem Sklaven, obwohl er Herr ist über alles; 2 er steht unter Vormundschaft, und sein Erbe wird verwaltet bis zu der Zeit, die sein Vater festgesetzt hat. 3 So waren auch wir, solange wir unmündig waren, Sklaven der Elementarmächte dieser Welt. 4 Als aber die Zeit erfüllt war, sandte Gott seinen Sohn, geboren von einer Frau und dem Gesetz unterstellt, 5 damit er die freikaufe, die unter dem Gesetz stehen, und damit wir die Sohnschaft erlangen. 6 Weil ihr aber Söhne seid, sandte Gott den Geist seines Sohnes in unser Herz, den Geist, der ruft: Abba, Vater. 7 Daher bist du nicht mehr Sklave, sondern Sohn; bist du aber Sohn, dann auch Erbe, Erbe durch Gott.

Die Bibel. Einheitsübersetzung in neuer Rechtschreibung,

Texterforschung:

1. Fassen sie die Kernaussagen des Paulus-Textes zusammen.
2. Erörtern Sie: Was meint Paulus mit »Sklaven der Elementarmächte dieser Welt« (V. 3)? Wodurch wurden die Sklaven frei?
3. Wenden Sie die paulinische Vorstellung von Gemeinde auf die gegenwärtigen christlichen Kirchen an. Wie sollten sie mit religiösem Pluralismus umgehen? Wie sollten sie Menschen anderer Religionen begegnen?
4. Bringen Sie die paulinischen Verse mit Herbert Grönemeyers Text ins Gespräch. Die Frage lautet wieder: »Wie hältst du's mit der Religion?« Wie antwortet Paulus auf diese Frage, wie Grönemeyer?

Gestaltung:

Gestalten Sie unter dem Motto »Ein Stück vom Himmel« einen »Tag der Religionen« an Ihrer Schule.

☺ Herbert Grönemeyer sagt in seinem Song: »Es wird zu viel geglaubt, zu wenig erzählt.« Interviewen Sie Mitschülerinnen und Mitschüler über besondere Erlebnisse mit ihrer eigenen Religion.

M 9.1 Kanye West: *Jesus walks*

Kanye West wurde 1977 in einer Vorstadt von Chicago/Illinois geboren. Der Song Jesus walks *erschien 2004 auf seinem Debüt-Album* The College Dropout.

I need to recruit all the soldiers … all of God's soldiers
We at war
We at war with society, rascism, terrorism, but mostly we at war with ourselves

(Jesus walks)
God show me the way because the devil try to break me down
(Jesus walks with me)

You know what the mid-west is? Young & restless
Where restless ni**as might snatch your necklace
And next these ni**as might jack your Lexus
Somebody tell these ni**as who Kanye West is
I walk through the valley of Chi where death is
Top floor of the view alone will leave you breathless
Try to catch it … its kind of hard hard
Gettin choked by detectives yeah yeah now check the method
They be asking us questions, harass and arrest us
Saying »we eat pieces of s**t like u for breakfast«
HUH? Yall eat pieces of s**t what's the basis?
We ain't goin nowhere but got suits and cases
A truck full of coke rental car from Avis
My momma used to say only Jesus can save us
Well momma I know I act a fool
But I'll be gone till November I got packs to move I hope

(Jesus walks)
God show me the way because the devil try to break me down
(Jesus walks with me)
The only thing that I pray is that my feet don't fail me now
(Jesus walks)
And I don't think there is nothing I can do now to right my wrong
(Jesus walks with me)
I wanna talk to God but I'm afraid cause we ain't spoke in so long
(Jesus walks)
God show me the way because the devil try to break me down
(Jesus walks with me)
The only thing that I pray is that my feet don't fail me now
(Jesus walks)
And I don't think there is nothing I can do now to right my wrong
(Jesus walks with me)
I wanna talk to God but I'm afraid cause we ain't spoke in so long

To the hustlers, killers, murderers, drug dealers even the strippers
(Jesus walks for them)
To the victims of welfare feel we living in hell here, hell yea
(Jesus walks for them)
Now heary heary wanna see thee more clearly
I know he hear me when my feet get weary
Cause we're the almost nearly extinct
We rappers are role models we rap we don't think
I ain't here to argue about his facial features
Or here to create atheists into believers
I'm just tryin to say the way school need teachers
The way Kathy Lee needed Regis that's the way I need Jesus
So here go my single dawg, radio needs this
They said you can rap anything except for Jesus
That means guns, sex, lies, videotape
But if I talk about God my record won't get played
Well if this take away my from spins
Which will probably take away from my ends
Then I hope it take away from sins
And bring the day that I'm dreamin about
Next time I'm in the club everybody screamin out

(Jesus walks)
God show me the way because the devil try to break me down
(Jesus walks with me)
The only thing that I pray is that my feet don't fail me now
(Jesus walks)
And I don't think there's nothing I can do now to right my wrong
(Jesus walks with me)
I wanna talk to God but I'm afraid because we ain't spoke in so long

Hören/Lesen:
1. Übersetzen Sie den Songtext.
2. Markieren Sie in Ihrer Übersetzung die Aussagen über Jesus.

Informationen:
Mid-west: Der mittlere Westen ist eine Region der USA.
I walk through the valley of Chi where death is: Kanye West wendet das Bild vom finsteren Tal in Ps 23,4 (hebräisch: »das Tal des Todesschattens«) auf die Stadt Chicago an. Die Zahl der Gewaltverbrechen ist in Chicago extrem hoch.
Lexus: Eine Automobilmarke der japanischen Toyota Motor Corporation.
Avis: Avis Rent a Car ist eine US-amerikanische Autovermietung.
Kathy Lee: Kathy Lee Gifford wurde 1953 in Paris als Kathryn Lee Epstein geboren. Sie ist eine US-amerikanische Fernsehmoderatorin, Sängerin und Autorin. Zwischen 1988 und 2000 moderierte sie an der Seite von Regis Philbin die Morgen-Show »Live with Regis and Kathy Lee« auf NBC.

M 9.2 Wie können wir heute von Jesus reden?

Gleich drei [Videoclips] überliefert Kanye West von seinem Stück. Der erste Clip ordnet die Erzählung von Jesus in seine Hinwendung zu den Ausgeschlossenen der Gesellschaft ein: der Prostituierten, der Drogensüchtigen, der Kriminellen. Entfaltet wird das im Stil der aufrüttelnden Predigt. Kanye West war mit dem Ergebnis unzufrieden und ließ einen neuen Clip produzieren. Dieses Mal wird die Erzählung eingebettet in die Geschichte der Sklaverei, des Rassismus und des Exodus. Auch das fand keinen Gefallen. Die dritte Variante ist eine Low-Budget-Produktion, die Kanye West selbst gestaltete und die postmodern-ironisch die Geschichte als klischeehafte Zitatenmontage darbietet. Der Künstler läuft durch die Gegend und wird von einem Hippie-Jesus verfolgt, der stillschweigend eine Fülle jener Wunder vollbringt, die ihm biblisch zugeschrieben werden.

Andreas Mertin, Christologie mit Videoclips?! Ein Blick auf 25 Jahre Pop-Theologie, in: Loccumer Pelikan 2/2014, S. 90.

Visualisierung:

1. Schauen Sie sich die Videoclips zu *Jesus walks* an:
   (1) Regie: Michael Haussmann; Dauer: 4:00 Min
   (2) Regie: Chris Milk; Dauer: 4:03 Min
   (3) Regie: Kanye West/Coodie Simmons/Chike Ozah; Dauer: 4:21 Min
   Die Clips sind leicht einzusehen über den Blog von Andreas Mertin: www.videoclipblog.de.
2. Arbeiten Sie heraus, wie die Clips den Song interpretieren. Vergleichen Sie die Interpretationen mit den Aussagen über Jesus im Songtext.
3. Bewerten Sie die Videoclips: Können wir heute so wie darin gezeigt von Jesus reden?

Tipp:
Andreas Mertin nennt auf seinem Blog einige weitere Songs/Videoclips zum Thema »Jesus Christus«: Madonna: *Like a prayer* (1989) – Impuls: Christologie als Nachfolge; Genesis: *Jesus he knows me* (1991) – Impuls: Missbrauch der Christologie; Joan Osborn: *One of us* (1995) – Impuls: Imagination der Inkarnation; Smashing Pumpkins: *Bullet with butterlfy wings* (1995) – Impuls: De profundis [aus den Tiefen; Ps 130] Jesus im Leiden; Metallica: *Until it sleeps* (1996) – Impuls: Das allgemeine und das besondere Leiden; Royksopp: *What else is there* (2005) – Impuls: Gemeinsam und doch einsam nach Emmaus; Motionless In White: *Immaculate Misconception* (2011) – Impuls: Inversion der Jesusgeschichte, Christusidentifikation; Lady Gaga: *Judas* (2011) – Impuls: Lebensweltliche Verortung.

M 9.3 Die Heilung des besessenen Geraseners

Mk 5,1-20

1 Sie kamen an das andere Ufer des Sees, in das Gebiet von Gerasa. 2 Als er aus dem Boot stieg, lief ihm ein Mann entgegen, der von einem unreinen Geist besessen war. Er kam von den Grabhöhlen, 3 in denen er lebte. Man konnte ihn nicht bändigen, nicht einmal mit Fesseln. 4 Schon oft hatte man ihn an Händen und Füßen gefesselt, aber er hatte die Ketten gesprengt und die Fesseln zerrissen; niemand konnte ihn bezwingen. 5 Bei Tag und Nacht schrie er unaufhörlich in den Grabhöhlen und auf den Bergen und schlug sich mit Steinen.

6 Als er Jesus von weitem sah, lief er zu ihm hin, warf sich vor ihm nieder 7 und schrie laut: Was habe ich mit dir zu tun, Jesus, Sohn des höchsten Gottes? Ich beschwöre dich bei Gott, quäle mich nicht! 8 Jesus hatte nämlich zu ihm gesagt: Verlass diesen Mann, du unreiner Geist! 9 Jesus fragte ihn: Wie heißt du? Er antwortete: Mein Name ist Legion; denn wir sind viele. 10 Und er flehte Jesus an, sie nicht aus dieser Gegend zu verbannen. 11 Nun weidete dort an einem Berghang gerade eine große Schweineherde. 12 Da baten ihn die Dämonen: Lass uns doch in die Schweine hineinfahren! 13 Jesus erlaubte es ihnen. Darauf verließen die unreinen Geister den Menschen und fuhren in die Schweine und die Herde stürzte sich den Abhang hinab in den See. Es waren etwa zweitausend Tiere und alle ertranken.

14 Die Hirten flohen und erzählten alles in der Stadt und in den Dörfern. Darauf eilten die Leute herbei, um zu sehen, was geschehen war. 15 Sie kamen zu Jesus und sahen bei ihm den Mann, der von der Legion Dämonen besessen gewesen war. Er saß ordentlich gekleidet da und war wieder bei Verstand. Da fürchteten sie sich. 16 Die, die alles gesehen hatten, berichteten ihnen, was mit dem Besessenen und mit den Schweinen geschehen war. 17 Darauf baten die Leute Jesus, ihr Gebiet zu verlassen.

18 Als er ins Boot stieg, bat ihn der Mann, der zuvor von den Dämonen besessen war, bei ihm bleiben zu dürfen. 19 Aber Jesus erlaubte es ihm nicht, sondern sagte: Geh nach Hause und berichte deiner Familie alles, was der Herr für dich getan und wie er Erbarmen mit dir gehabt hat. 20 Da ging der Mann weg und verkündete in der ganzen Dekapolis, was Jesus für ihn getan hatte, und alle staunten.

Texterforschung:

1. Arbeiten Sie heraus, wie der besessene Gerasener beschrieben wird. Was tut er?
2. Schauen Sie auf Kanye Wests Text: Wo sieht er heute »Dämonen« am Wirken? Belegen Sie Ihre Entdeckungen mit Zitaten.
3. Der Evangelist Lukas überliefert ein sehr wahrscheinlich authentisches Jesus-Zitat: »Wenn ich aber durch Gottes Finger die bösen Geister austreibe, so ist ja das Reich Gottes zu euch gekommen« (Lk 11,20). Untersuchen Sie, wie die Erfahrung des Reiches Gottes den Gerasener verändert hat. Was tut der Geheilte?
4. Vergleichen Sie: Was wünscht sich Kanye West in seinem Song von Jesus?

Informationen:

Legion: größte römische Heereseinheit, die 6000 Männer umfasste.

Dekapolis: Bezirk von zehn Städten, wahrscheinlich Hippos, Gadara, Pella, Philadelphia, Gerasa, Dion, Canatha, Damaskus, Raphana und Scythopolis.

M 9.4 Entmutigung und Ermutigung

Der Individualpsychologe Alfred Adler (1870–1937) sieht den Menschen als ein unteilbares Ganzes an. Der Lebensstil eines Menschen zeige eine einheitliche Dynamik: entweder eine pessimistische, d. h. von Entmutigung geprägte Bewegung oder eine optimistische, d. h. von Ermutigung geprägte Bewegung. Folgende individualpsychologisch orientierte Deutung der Gerasener-Erzählung bietet sich an:

V. 1–5: Die Stufen entmutigten Verhaltens

In der Regel wird das Phänomen der Besessenheit wesentlich als eine intrapersonale Zerrissenheit gedeutet. Das mit der Unreinheit des Geraseners gleichzusetzende Verhalten (er wohnt in den Grabhöhlen) beschreibt ebenso wie das auf seine Besessenheit zurückzuführende Handeln (er zerreißt die Ketten, zerreibt die Fesseln, schreit und schlägt sich mit Steinen) eine einheitliche Bewegung in Richtung einer zunehmenden Distanzierung von der Gemeinschaft. Hier steht demnach eine interpersonale Zerrissenheit im Vordergrund.

Die Distanz zwischen dem Gerasener und seinem sozialen Umfeld hat sich im Laufe der Zeit erheblich vergrößert. Zunächst hat er die äußere Distanz noch dadurch zu überwinden vermocht, dass er durch sein Schreien Aufmerksamkeit erregte (vgl. V. 5b). Anfangs war es auch möglich, ihn zu binden (V. 4a). Später gelang dies nicht mehr; nicht einmal mit einer Kette konnte man ihn binden. Er war den anderen überlegen. Sodann waren die anderen ihm unterlegen: Niemand hatte die Kraft, ihn zu bändigen. Aus der Überlegenheit des Geraseners wird die Unterlegenheit der anderen.

Schließlich endet die Beschreibung, indem der Gerasener als sich selbst zerstörender und damit in äußerster Distanz zu seiner Umwelt lebender Mensch dargestellt wird. Er hat die Hoffnung auf angemessene Beachtung aufgegeben und richtet sein Ziel, Vergeltung zu suchen, schließlich gegen sich selbst: Er schlug sich mit Steinen (V. 5b).

Die Geschichte zeichnet in den V. 1–5 das Bild eines schwer entmutigten Menschen in seiner Zeit vor der Begegnung mit Jesus. Die Suche nach Vergeltung kennzeichnet seinen Lebensstil. Aufgrund seiner Gotteserfahrung, die mit V. 6 bereits vorbereitet wird, korrigiert der Geheilte seinen Lebensstil.

V. 6–14a: Kommunikation als erste Stufe ermutigten Verhaltens

Ein letzter Rest verschütteter sozialer Aktivität kommt beim Anblick Jesu zum Vorschein. Der Gerasener ergreift die Initiative und stellt eine Beziehung zum Heiler her. Das Hinzulaufen, spätestens der Kniefall ist zweifellos eine Form nonverbaler Kommunikation (V. 6). Noch ist es der Mensch, der handelt. In V. 7–13 handelt der Dämon durch den Gerasener (Abwehrformel, Konzessionsbitten, Namensnennung), schließlich handeln die Dämonen durch die Schweine. Der gesamte Abschnitt lässt eine Deutung im Blick auf den Gerasener nicht zu, da dessen Verhalten nicht beschrieben wird. Am Text zu belegen ist allein die in V. 6 geschilderte Aktivität des Geraseners, die freilich den Fortgang der Geschichte und die Heilung erst möglich machte.

V. 14b–18: Partizipation [Teilhabe] und Kontribution [einen Beitrag leisten] als weitere Stufen ermutigten Verhaltens

Die herbeikommenden Leute sehen den Gerasener, wie er dasitzt, bekleidet und vernünftig ist. Damit ist die äußere Distanz zu seiner sozialen Umwelt überwunden, indem der ehemals Außenstehende nun diejenigen Eigenschaften zeigt, die zur Teilnahme an der Gemeinschaft erforderlich sind. Äußerlich unterscheidet ihn nichts von den anderen. Der Gerasener gerät in V. 16f abermals aus dem Blick. Die Reaktion der Augenzeugen bezieht sich allein auf das Wunder. Schließlich aber bietet der Geheilte an, selbst einen Beitrag zu leisten, indem er bei Jesus bliebe. Obgleich es nicht sicher zu belegen ist, scheint der Wunsch des Geraseners doch in Richtung einer Mitarbeit am Werk Jesu zu gehen.

V. 19f: Kooperation als höchste Stufe ermutigten Verhaltens

Die Antwort Jesu schränkt die Möglichkeit der Kontribution ein und eröffnet sogleich jene der eigenverantwortlichen Kooperation, die der Gerasener sodann ergreift.

Fazit: Die markinische Wundererzählung lässt sich als »Ermutigungsgeschichte« lesen. Der Gerasener zeigt vor seiner Heilung die Züge eines schwer entmutigten Menschen. Die Bewegungslinie des Geheilten hat dann eine neue Richtung. Die Überwindung der Mangellage gelingt durch ein Verhalten, das durch eine stetige Zunahme an Gemeinschaftsgefühl gekennzeichnet ist. Der Gerasener ist zum Schluss fähig, eigenverantwortlich am Werk der Mission mitzuarbeiten; er ist in der Lage zu kooperieren.

Matthias Günther, Menschen – Psychologische Impulse aus der Bibel, BThS 34, Göttingen 2008, S. 124–127 (gekürzt und leicht überarbeitet).

Texterforschung:

1. Stellen Sie die Prozesse der Entmutigung und der Ermutigung grafisch dar.
2. Diskutieren Sie die individualpsychologisch orientierte Deutung des Textes.
3. Nehmen Sie Stellung: Darf man sich Jesus als einen Ermutiger vorstellen?
4. Kanye West sagt: »We at war with ourselves.« Was könnte sich durch Jesu »Mitgehen« verändern?

Gestaltung:

Gestalten Sie eine Fotostrecke zum Song »Jesus walks«. Bringen Sie darin Ihr Jesus-Bild zum Ausdruck.

☺ »In between – die Jesus-Geschichten dazwischen bringen«: Nehmen sie eine möglichst großformatige Bibel und platzieren Sie sie an Orten in Ihrer Umgebung, an denen Jesu »Mitgehen« Ihrer Einschätzung nach Menschen gut täte. Fotografieren Sie die Szenen und gestalten Sie mit den Fotos eine Ausstellung in Ihrer Schule.